Lo que dicen los

"Un corazón confiado me mostró cuánto ~~la duda~~ en uno mismo afecta cada aspecto de mi vida. Este libro me dio ánimo, me capacitó y me cambió. Honestamente, ¡creo que todo el mundo debiera leerlo!"—Jill B., Iowa

"Lleno de la verdad del amor, la compasión, la paciencia y la fuente inagotable de fuerza que provienen de Dios, este libro me llevó de ver mi pasado con dolor a vivir mi futuro afianzada y arraigada en la confianza de Cristo." —Danielle J., North Carolina

"Mediante *Un corazón confiado* Renee me recordó que yo puedo fallarle a Dios, pero él nunca me fallará. Me encantan los pasajes de la Escritura entretejidos en una oración al final de cada capítulo. ¡Encierran un gran caudal de verdad! Seguiré usándolos como oraciones diarias."—Joy B., Ontario

"Un corazón confiado me dio valor y claridad para creer en mi llamamiento. Ahora veo la belleza de mi quebrantamiento, algo que solo podía ver en los demás. Dios usó este mensaje para ayudarme a verme bella de una manera que nunca antes había experimentado."—Cris N., California

"Prácticamente subrayé capítulos enteros. Renee me ayudó a ver cómo 'el Dios de toda esperanza me está llamando para que salga de la sombra de la duda para poder vivir con un corazón confiado.'"—Melinda T., Oregon

"Un corazón confiado me llevó de creer lo que Dios dice sobre mí a recibirlo y vivirlo. Algo que Renee me enseñó es a 'usar los fracasos' para aprender de los errores ¡y dejarlos atrás para siempre junto con la culpa, la vergüenza y la preocupación!"—Lisa S., Texas

"Renee me ayudó a ver que 'la salvación es una decisión única, pero encontrar satisfacción en Cristo y vivir en la seguridad de sus promesas es un proceso cotidiano'. Volveré a leer *Un corazón confiado* una y otra vez para mantenerlo fresco en mi mente y mi corazón." — Margaret S., North Carolina

"Renee me mostró cómo 'puedo encontrar satisfacción duradera cuando bebo continuamente de la fuente del amor incondicional de Dios'. Voy a regarles una copia a mis hijas y a sus amigas. Ojalá hubiera leído esto cuando tenía veinte años. Qué diferente hubiera resultado mi vida."—Lelia C., Nebraska

"Leer *Un corazón confiado* me ayudó a entender que no solo yo siento inseguridad. Soy normal, amada, aceptada y aprobada por un Dios todopoderoso."—Tammy N., Kentucky

"Recibí *Un corazón confiado* la semana en que supe que a mi mamá solo le quedaban unos días en la tierra. Terminé leyéndole los capítulos en voz alta. El mensaje era tan poderoso. Los pasajes de la Escritura estaban ahí mismo. Yo le decía: 'Mamá, ¡oye esto!' Las palabras de Renee animaron mi corazón y me ayudaron a salir adelante."—Kirsten S., Pennsylvania

"En mis 55 años de vida nunca había leído un libro que me hablara, me tocara y me liberara de tantos problemas. ¡No podía soltarlo!"—Debbie L., North Carolina

Un
Corazón
Confiado

Como dejar la duda y vivir en la
seguridad de las promesas de Dios

RENEE SWOPE

EDITORIAL
PATMOS

Un corazón confiado

Publicado por Editorial Patmos, Miami, FL EUA 33169

Publicado originalmente en inglés por Revell, una división de Baker Publishing Group, P.O. Box 6287, Grand Rapids, MI 49516-6287, con el título *A Confident Heart*

A menos que se indique lo contrario, las citas bíblicas se toman de la Nueva Versión Internacional, © 1999 por la Sociedad Bíblica Internacional.

Traducido por Wendy Bello

Diseño de portada por Jonas Lemos

ISBN 13: 978-1-58802-675-0

Categoría: Vida Cristiana/Mujeres

Impreso en Brasil
Printed in Brazil

Contenido

Prefacio 7

Agradecimientos 9

1. Descubrir la sombra de mis dudas 13

2. Ya que el amor de Dios es perfecto, yo no tengo que serlo 22

3. Encontrar un amor que no fallará incluso cuando yo falle . 40

4. Dios promete esperanza para mi futuro a pesar del dolor de mi pasado 57

5. Vivir más allá de la sombra de mis dudas 75

6. Cuando la duda susurra "No soy lo suficientemente buena" 86

7. Cuando la duda susurra "Soy un gran fracaso" 106

8. Cuando la duda susurra "Yo no tengo nada extraordinario que ofrecer" 124

9. Cuando la duda susurra "No puedo dejar de preocuparme" 145

10. Cuando la duda susurra "No puedo seguir a Dios con constancia" 168

11. La mujer que quiero ser 191

12. Vivir en la seguridad de las promesas de Dios 210

Notas 214

Dedicatoria

JJ, Joshua, Andrew, y Aster

Gracias por creer en mí y en este mensaje y por darme
tiempo para escribirlo. Cuando mi confianza vaciló
y mi corazón se cansó,
Dios me dio su fuerza y su confianza mediante ustedes.

"Pero benditos son los que confían en el Señor y han hecho
que el Señor sea su esperanza y confianza."
(Jeremías 17:7 NTV)

Prefacio

Cuando era niña anhelaba que mi papá me cargara, me diera vueltas y me dijera que yo era especial. Que era linda. Que era un tesoro para él. Y sobre todo, que él me amaba. Pero mi papá nunca me dio vueltas con alegría y nunca dijo las palabras que mi corazón tanto anhelaba escuchar. Este rechazo se convirtió en un vacío y dolor de adulta que me hacía dudar de que alguien pudiera amarme. Las inseguridades llegaron muy adentro. La vergüenza creció desenfrenadamente. La desesperación por sentir aceptación me llevó a buscar todo tipo de remedios equivocados.

Mi remedio principal era encontrar alguien o algo que me hiciera sentir segura e importante. Era como si llevara una taza en forma de corazón y se la extendiera a cualquiera o cualquier cosa que me pareciera que podía llenarla.

Le presenté la taza a mi educación: "¿Me llenarás?"

Se la ofrecí a mi esposo: "¿Me llenarás?"

Se la extendí a mi hija: "¿Me llenarás?"

Se la extendí a mis posesiones materiales: "¿Me llenarás?"

Se la extendí a cada uno de mis trabajos: "¿Me llenarás?"

Esta pregunta encerraba muchas otras cosas: "¿Arreglarás todo lo que está mal en mí?" "¿Llenarás mis inseguridades?" Mientras más ofrecía mi vacía, con la esperanza de que algo pudiera llenarlo, más inadecuada me sentía.

¿Por qué acudimos a las cosas de este mundo para que nos den seguridad, confianza y satisfacción? Creo que es porque el mensaje de que las cosas terrenales pueden llenarnos nos rodea por todas partes. Está en la televisión, es el foco de innumerables canciones y predomina en la publicidad. Ni siquiera podemos pararnos en la fila de pagar en el supermercado sin que nos bombardeen con promesas vacías de una vida más satisfactoria. Un esposo mejor. Un cuerpo mejor. Una carrera mejor. Una casa más bonita. Las revistas parecen tan llamativas y sus promesas tan seductoras. Se cuelan en nuestra mente y nos hacen pensar: *Si tan solo yo tuviera* _____, *estaría segura y satisfecha.*

Pero la realidad es que todo lo que el mundo ofrece es temporal. No hay persona, ni posesión, ni profesión, ni posición que puedan jamás llenar la taza de un corazón herido e inseguro; ni mi corazón ni tu corazón. Es un vacío que solo Dios puede llenar. Solo Dios puede dar la verdadera confianza.

¿Y cómo nos da Dios el don de su seguridad, su satisfacción y su confianza? Él envía sus palabras como cartas de amor desde el cielo para que cubran con frescura nuestras almas secas y cansadas.

Su verdad nos irriga, nos sostiene, nos da nueva vida y nos convierte en las mujeres que él siempre quiso que fuéramos.

Por eso estoy tan emocionada con el libro de Renee. Ella es la amiga que encontrarás en el corazón de este mensaje. Ha vivido esta experiencia y nos da el regalo de las verdades que descubrió y que barrerán con la duda y nos llevarán a la confianza en Dios que hemos anhelado toda nuestra vida. Lee este libro y prepárate para vivir con un corazón confiado.

Lysa TerKeurst, presidenta, Ministerio Proverbios 31
Autora con éxito de ventas del *New York Times*
con su libro *Fui hecha para desear*

Agradecimientos

Nunca he tenido la oportunidad de agradecer a las personas que han ayudado a moldear mi vida y mi confianza; personas que creyeron en mí mucho antes de que yo creyera en mí misma. Agradezco tanto el poder hacerlo aquí. Algunas las he conocido toda mi vida; otras durante varios años y otras incluso no las conozco en persona. Haré lo mejor posible por decir mucho en un espacio pequeño para que este no sea el capítulo más largo del libro. Y si mi cerebro cuarentón y un tanto nebuloso se olvida de alguien, ¡por favor sepan que les quiero y doy gracias a Dios por ustedes!

Primero a mi esposo y héroe, JJ, eres un hombre, esposo, padre y amigo increíble. No sé cómo me escogiste para ser tuya, ¡pero me alegro que lo hayas hecho! Sin tus palabras de apoyo, tu confianza en el llamado de Dios para mi vida y tu corazón de siervo, no creo que hubiera tenido el valor ni la perseverancia para hacer esto. Gracias por sacrificar tanto porque me amas, pero más todavía porque amas a Jesús y deseas que él se haga famoso mediante el mensaje que nos confió. Te respeto y te amo más que lo que las palabras puedan expresar.

Joshua, tu pasión por la lectura y tu don para escribir me inspiran. Pero tu consideración, perseverancia y sabiduría me dejan sin palabras y me hacen sentirme orgullosa de ser tu mamá. Gracias por tu sacrificio y apoyo constantes durante nuestro año de "imposibles". Oro para que valor y fortaleza siempre estén en Cristo y que este mensaje se convierta en un legado que vivamos y dejemos juntos. Nunca olvidaré las veces en que me dijiste que harías lo que yo necesitara para que pudiera terminar mi libro. ¡Lo terminé! Ahora te toca a ti.

Andrew, Dios sabía que yo necesita más risa y gozo, ¡así que te trajo a ti! Tus abrazos, tu sonrisa, tu entusiasmo y las conversaciones que creas para que la familia se mantenga conectada ¡son un regalo tan grande! Me encanta cómo ves a Dios en la vida cotidiana y que no obstante, le permitas a tu mamá ser parte de la trayectoria asombrosa para descubrir la persona que Dios quiere que seas. Valoro y respeto quién eres y en quién te estás convirtiendo al escarbar en la Palabra de Dios y reclamar sus promesas para tu vida. Que solo él sea tu confianza.

Aster, mi princesa etíope. Nunca pensé que adoptaría una niña y escribir un libro en el mismo año. Tu mami está loca pero no tan loca. Sin embargo, el amor loco y asombroso de Dios nos unió para un tiempo así. Tus dulces abrazos, tu alegría contagiosa y tus mejillas adorables son un tesoro para mí. Desde el primer día que te tuve en mis brazos Jesús ha cambiado mi vida con tu amor. ¡No puedo imaginarme un día sin ti! Cariño, ya eres una muestra hermosa de su esplendor, una diadema real en la mano de tu Dios. ¡Que tu seguridad y valor estén siempre en él!

Mamá, cuando tenía 16 años me dijiste que Dios debía tener un plan para mi vida. Fue la noche en que él libró mi vida en aquel terrible accidente automovilístico. Tus palabras dibujaron un cuadro en el lienzo de mi corazón que me hicieron buscar su propósito. ¡Creo que este libro debe ser parte de eso! Gracias por creer en mí y por amarme en todo momento. Doy gracias por el "reino" que Jesús que Dios nos permitido disfrutar en esta nueva etapa de nuestras vidas.

Papá, Mark, Scott, Brad, Chris, Beth, Tamika, y Robin, ¡gracias por su amor, ánimo y apoyo!

Melanie y Leah, ¡no hubiera podido escribir o vivir este mensaje sin ustedes a mi lado! Gracias por escucharme, reír conmigo, llevar el peso del mundo junto conmigo y decirme que yo era "normal" a pesar de que no era verdad (sonrisas). ¡Sus oraciones constantes y su presencia calmada son regalos de Dios para mí!

MaryAnn, ¿qué sería de mí sin tus oraciones y tu amistad? Tus regalos interminables de ánimo, sabiduría espiritual y amor incondicional han moldeado mi vida. Tus huellas están por todo mi corazón y mi historia.

Lysa y Holly, gracias por su amor inalterable, su confianza, paciencia y gracia en medio de la cosa santa más difícil que yo haya hecho jamás. Sus vidas y su amor me inspiran a convertirme en mucho más de lo que puedo pensar o imaginar.

LeAnn, siempre sabes qué decir cuando necesito que lo digas. Gracias por asegurarte de que no me tome demasiado en serio; pero sobre todo, ¡por amarme como me ama Jesús! Lo veo en ti cada día.

A cada una de mis hermanas del Ministerio Proverbios 31, ¡ustedes son mis amigas preciadas y mi familia para siempre! Cuando necesito ver o sentir el amor de Dios, puedo ir a la oficina o levantar el teléfono y todo estará bien. Es un honor servir a Jesús con ustedes, ¡y no quisiera vivir o ministrar sin ustedes!

Bev, gracias por tu sonrisa que me da apoyo, tus lágrimas que me dice que Dios habló por medio de algo que yo dije y por el entusiasmo gozoso que muestras cada vez que me escuchas enseñar. ¡De qué manera Dios llenó mis vacíos con tu ayuda, te quiero y te aprecio!

Alli, ¿qué habría hecho yo sin mi llave color leopardo para entrar a tu casa que se convirtió en mi hogar cuando no estaba en casa. ¡Te quiero y te extraño tanto!

Mi agradecimiento a mis amigas fieles y familiares que sostuvieron mi corazón y mis esperanzas con sus oraciones:

Jen, Angela, Melissa N., Margaret, Angel, Karen, Vicki and Derwin, Fern y Jay, Teresa, Missy, Renee, Becky, Charlena, Debbie, Kim N., Vern, Cris, Tori, Nancy y Terry, Sara, Alex, Jason y Sharon, Rusty y Erin, Bev y Jim, Jennifer y Phil, Erika, Heather y Mark, y toda mi familia de la iglesia Transformation Church.

Esther y AJ, ¡ustedes son la respuesta a mi oración imposible! Gracias por su conocimiento, amistad, visión y pasión por mi ministerio y el mensaje que Dios había escrito en mi corazón. ¡Doy tantas gracias por ustedes!

Andrea Doering, mi extraordinaria editora ejecutiva y amiga, ¡tú eres única! Mi corazón se sintió como en casa desde la primera vez que nos conocimos. Gracias por creer en mis sueños y por llevar mi mensaje con tanta gracia y disposición.

A mi maravilloso equipo editorial en Revell: Janelle, Twila, Lindsey, Deonne, Michele, Rod, Rob, y el resto de la familia Baker-Revell por todo lo que han hecho y harán para llevar este mensaje a los corazones de los que anhelan vivir con confianza. ¡Gracias por buscar a Cristo y su gloria en todo lo que hacen!

A mi equipo de oración de *Un corazón confiado*, un agradecimiento especial, así como a mis fieles amigas del blog y de Facebook, las líderes maravillosas de eventos para mujeres y sus equipos ministeriales quienes con tanta fidelidad oraron y me animaron a lo largo de esta jornada!

Sobre todo, mi amado Jesús, gracias por no dejarme volver a perder mi confianza. Tú me animaste a perseverar para que cuando haya cumplido tu voluntad, ¡reciba lo que tú has prometido! Por tu vida en mí y mi dependencia de ti, encontré la confianza para creer y vivir en la seguridad de tu amor y la confianza de tus promesas. ¡Tú eres mi confianza!

Hebreos 10:35–36

1

Descubrir la sombra de mis dudas

Así que no pierdan la confianza, porque ésta será grandemente recompensada. Ustedes necesitan perseverar para
que, después de haber cumplido la voluntad de Dios, reciban
lo que él ha prometido.

Hebreos 10:35–36

Me paré frente al espejo del baño, entrecerrando los ojos
por la luz que tenía encima, mientras trataba de abrir los párpados para poder ponerme rímel en las pestañas.
La boca se abrió también, casi por instinto. No pude evitar
pensar por qué abrir la boca también abría los ojos. No tenía
sentido ni tampoco lo tenía la manera en que yo me sentía.

Mi corazón luchaba con la duda con respecto a un evento
en el que tenía que hablar al día siguiente. Me había sentido
honrada, confiada y emocionada cuando la líder me llamó
meses antes para invitarme a hablar en su evento para muje-

res. Ahora cuestionaba si debía haber aceptado la invitación. No pude evitar pensar, ¿qué me pasa?

Necesitaba prepararme, terminar de empacar mi maleta y manejar al aeropuerto. En cambio quería quedarme en casa y hacer algo conocido como doblar ropa, pedir pizza y ver una película con mis hijos. Algo menos arriesgado que pararse frente a 500 mujeres a dar un mensaje que yo esperaba que desafiara y alentara a sus corazones, que les hiciera reír y que les dejara anhelando más de Dios.

Las preguntas se repetían una y otra vez en mi cabeza: ¿Y si se me olvida todo lo que tengo que decir? ¿Y si mis ideas no son tan poderosas? ¿Y si las mujeres no se identifican con mis cuentos ni se ríen de mi sentido del humor? ¿Y si...?

Mientras seguía poniéndome el maquillaje, le pedí a Dios que una vez más me quitara la inseguridad. Detestaba sentirme de esa manera. Cancelar el evento no era una opción. ¿Tal vez podía llamar y decir que estaba enferma? No, eso no estaría bien.

Esta no era la primera vez que yo luchaba con la duda de mí misa. De hecho la duda era algo con lo que había lidiado más veces de las que quisiera recordar. Cuando niña dudaba de valer lo suficiente. Mi inseguridad hasta me impedía montar en el carrusel del parque de diversiones porque dudaba que mi papá me esperara. Pensaba que él podría abandonarme para siempre una vez que yo estuviera fuera de su vista.

La duda también me quitó la alegría de esquiar en el agua cuando era niña. Me negué a intentarlo porque no estaba segura de si mi familia regresaría a buscarme una vez que me soltara de la cuerda. Cuestionaba si era lo suficientemente buena en la universidad, así que evité algunas oportunidades extraordinarias porque implicaban el riesgo del rechazo. Cuando era esposa recién casada dudaba de la fidelidad de mi esposo. Nuestros recuerdos de recién casados incluyen muchas discusiones en cuanto a la confianza.

Y aquí estaba yo, años después, una mujer adulta en el ministerio, otra vez dudando de mí misma. Ya era algo viejo.

Me preguntaba si tal vez mis dudas no eran una señal de que tenía el llamamiento equivocado. Bueno porque si Dios te llama a hacer algo, ¿no debieras sentirte confiada al respecto? ¿No debieras querer hacerlo? ¿La confianza en uno mismo no es parte de la capacitación que Dios nos da? Quizá tú sepas a lo que me refiero. Tal vez desde que eras niña orabas para ser mamá y ahora tienes hijos y dudas tener lo que se necesita para ser una buena mamá. O tal vez has sentido que Dios te llama a servirle de una manera que implica pasos de fe pero la inseguridad de ha convencido de que no eres lo suficientemente inteligente o que no tienes dones suficientes. Tal vez hace tiempo que quieres cambiar de trabajo y ahora tienes la oportunidad de hacerlo, pero no quieres. Lo desconocido asusta mucho. Aunque has sido desdichada, por lo menos la desdicha ya te resulta conocida.

Estaba desesperada por salir de la sombra de mis dudas, pero lo único que lograba era hacer las cosas mecánicamente y orar para que Dios me bombardeara de confianza. Seguía esperando que sucediera justo ahí en mi baño, pero no pasó. Las dudas y las preguntas seguían criticándome. Una vez que terminé de ponerme el rímel, me viré para guardar la bolsa de maquillaje en la maleta, que estaba en el piso detrás de mí. Fue entonces cuando vi una enorme sombra de nueve pies en la pared. Me sorprendió cuánto más grande era mi sombra que mi cuerpo de cinco pies y dos pulgadas.

Distorsionaba mi imagen en la pared al hacer que mi cuerpo luciera mucho más grande de lo que realmente era. De pronto me di cuenta. Mi incertidumbre había creado una enorme sombra de duda. Así como mi sombra en la pared distorsionaba la forma de mi cuerpo, mi duda distorsionaba mis pensamientos y doblegaba mis emociones con confusión y preguntas. La sombra de la duda se había vuelto más grande que aquello de lo que yo dudaba, yo misma.

Me quedé allí parada mirando la sombra enorme. Entonces me agaché para guardar la bolsa de maquillaje en la maleta y sentí que Dios susurraba a mi corazón: *Solo puedes ver la sombra porque le has dado la espalda a la luz. Vuélvete hacia la luz.* Cuando me levanté y me volví hacia la luz que estaba encima del espejo, me di cuenta de que no estaba parada en la sombra. Y ese fue el día que descubrí la sombra de mis dudas.

Escuchar los susurros de Dios

En la sombra de la duda la inseguridad nos paraliza con afirmaciones como estas:

"Yo no puedo hacer esto."

"Las cosas nunca cambiarán."

"Mi vida no va a mejorar."

"Nunca tendré la confianza que necesito."

Son ideas deprimentes, ¿verdad? Pero cuán rápidamente se escurren en nuestras mentes y disfracen sus voces para que parezcan las nuestras. A veces estamos de acuerdo con ellas y se convierten en nuestras.

Estas son las voces de la inseguridad que lanzan sombras de duda sobre nuestra perspectiva y nos impiden convertirnos en las mujeres que queremos ser, las mujeres que Dios diseñó. La duda de uno mismo bloquea la promesa del poder y la verdad de Dios para cambiarnos de adentro hacia fuera y así poder vivir con un corazón confiado.

¿Alguna vez has estado de acuerdo con los susurros de la duda y has vivido con una sensación de desánimo y derrota? ¿Te has sentido paralizada por la inseguridad y has dejado que esta te impida vivir con confianza? Si es así, no estás sola.

Tal vez, como yo, te hayas preguntado por qué luchas con la duda de ti misma. O quizá le has pedido a Dios que te quite la inseguridad y te dé una personalidad más confiada; sin embargo, sigues esperando que eso suceda. Tal vez eres buena para ocultar tus dudas y nadie excepto tú sabe el poder paralizador que tienen sobre tu vida.

Cuando leíste el título de este libro, ¿alguna sombra de duda se coló para decirte que no es posible tener un corazón confiado? No me sorprendería. Las dudas nos impiden creer que las cosas pueden mejorar. La duda nos convence de que no vale la pena el esfuerzo. La duda grita desde afuera:

"Es demasiado difícil."

"Mejor te rindes."

"Arriba, date por vencida. Cierra el libro y vete."

No se supone que sea así

No escuches a estos pensamientos, amiga. Dios no quiere que estemos atascadas en un ciclo de derrota ni viviendo en las sombras de la duda. Él nos recuerda en Isaías 49:23: "Sabrás entonces que yo soy el Señor, y que no quedarán avergonzados los que en mí confían." Sin embargo, la duda y la esperanza no pueden vivir en nuestros corazones a la misma vez. Como hijas de Dios necesitamos saber y creer que el cambio es posible. Necesitamos la esperanza de que la vida pueda ser diferente. De lo contrario, la duda ganará cada vez y nuestros corazones quedarán erosionados por actitudes y emociones de derrota; pero no se supone que sea así.

Dios declara con confianza que las cosas pueden cambiar: "¡Voy a hacer algo nuevo!" "Yo dispongo todas las cosas para bien porque me amas y has sido llamada de acuerdo con mi propósito." "Para el que cree, todo es posible" (Isaías 43:19; Romanos 8:28; Marcos 9:23).

Durante los últimos años he encontrado confianza duradera al vivir cada día en la seguridad de las promesas de Dios. Él me ha llevado más allá de creer *en él* a realmente *creerle* al depender del poder de sus palabras y vivir como que son verdad independientemente de lo que mis sentimientos me digan. Algunos días me va mejor que otros, y a ti te pasará lo mismo; pero he descubierto que cuando escojo habitar en la seguridad de a quién le pertenezco y quién soy en él, tengo un corazón confiado.

¡El Dios de toda esperanza te está llamando a salir de la sombra de tus dudas para que puedas vivir con un corazón confiado! ¿Estás lista para dejar que su Palabra cambia la manera en que piensas, lo cual determinará la manera en que sientas y con el tiempo transformará la manera en que vives (Romanos 12:2)? Este será un proceso que sucederá si estás dispuesta a tener conversaciones honesta e introspectivas con Dios, contigo misma y con algunas pocas personas en quienes confíes; conversaciones sobre quién eres, cómo llegaste ahí y dónde anhelas llegar.

Si estás buscando una amiga a quien puedas confiarle lo que hay en tu corazón, este libro es un buen punto de partida. Te prometo crear conversaciones honestas sobre nuestras dudas que nos retarán a vivir por encima de estas. Miraremos atrás para poder seguir adelante y hablaremos de cómo llegamos a este punto de ser tan duras con nosotras mismas.

Primero haremos lo más importante: pasar tiempo profundizando en el carácter de Dios para poder aprender a depender de su corazón con relación a nosotros. Los tres capítulos siguientes serán fundamentales mientras examinamos y crecemos en nuestra comprensión de quién es Dios y quién somos para él. Daremos los primeros pasos para salir de las sombras al escoger abrazar la realidad de su gracia inmensurable, su amor incondicional y su esperanza redentora.

Luego identificaremos lo que provoca las dudas y los efectos destructivos que tienen en nuestras vidas y relaciones. Aprenderemos a vivir más allá de las sombras de la duda al exponer cada una de nuestras inseguridades a la luz de la Palabra de Dios. Hablaremos sobre las luchas, las inseguridades y los temores que todas enfrentamos, y cómo podemos aprender a confiarle a Dios de manera activa nuestro corazón mientras procesamos nuestros pensamientos interminables, nuestras emociones siempre cambiantes y nuestras vidas tan ocupadas y a menudo confusas mediante la verdad transformadora de la Palabra de Dios. Encontraremos en Cristo la confianza de nuestro corazón a medida que aprendemos a depender del poder de sus promesas en nuestras vidas cotidianas.

Antes de comenzar hay algunas cosas que quiero asegurarme de que no pases por alto. Al final de cada capítulo he incluido algo realmente importante: una oración que entreteje pasajes de la Escritura que hemos mencionado en el capítulo y otros que quiero que grabemos en nuestros corazones. Orar la Palabra de Dios ha sido una de las maneras más transformadoras en que he aprendido a vivir en la seguridad de sus promesas.

Una de las maneras en que Dios nos dice que la confianza vendrá es cuando le pedimos lo que ya es parte de su voluntad. "Ésta es la confianza que tenemos al acercarnos a Dios: que si pedimos conforme a su voluntad, él nos oye" (1 Juan 5:14, NVI). Así que, ahí lo tienes: ¡podemos tener confianza en que estamos orando la voluntad de Dios cuando oramos la Palabra de Dios!

Pero eso no es todo. Romanos 10:17 nos dice que "la fe es por el oír, y el oír, por la palabra de Dios", así que oremos estar promesas en voz alta una y otra vez. Eso puede parecer raro pero créeme, funciona. Cuando oramos en voz alta la Palabra de Dios, y la escuchamos, el Espíritu Santo la graba en nuestros corazones y la escribe en nuestros pensamientos. Interiorizamos la verdad de Dios a medida que nuestra fe crece ¡y nos transformamos de adentro hacia afuera!

También espero que te tomes el tiempo para responder las preguntas de reflexión y debate después de la oración en cada capítulo. Estas serán una parte esencial para procesar, interiorizar y aplicar las promesas de Dios a tu vida. Asegúrate de buscar un diario o libreta para escribir las oraciones con las promesas y tus respuestas a las preguntas de manera que puedas volver a leerlas después y ver lo que Dios ha hecho.

Leer este libro con un grupo pequeño de amigas sería ideal, pero si vas a hacerlo sola, está bien también. ¿Estás lista para tomar la mano de Dios y confiar en su corazón? Si es así, comencemos en oración.

Orar las promesas de Dios

Señor, te pido que me des un corazón confiado en Cristo. Llévame más allá de creer en ti a realmente creerte a ti. Ayúdame a depender del poder de tus promesas y vivir como que son verdad. Tú dices que es bendito aquel que confía en ti y cuya esperanza y confianza están en ti. Los que esperan en ti no quedarán avergonzados porque tú haces que todo obre para bien de los que te aman y han sido llamados acorde a tu propósito.

Cuando la duda de mí misma me diga que no puedo vencer mis inseguridades, creeré en tu promesa de que todo es posible para el que cree. No perderé la confianza porque tú dice que esta será grandemente recompensada. Perseveraré para que cuando haya hecho la voluntad de Dios, reciba lo que tú has prometido. Mi confianza está en Cristo y ya no soy alguien que se amilana y se destruye, ¡sino alguien que cree y que es salva! En el nombre de Jesús, amén.

Ver Jeremías 17:7; Isaías 49:23; Romanos 8:28; Marcos 9:23; Hebreos 10:35–36, 39.

Preguntas para reflexionar y debatir

1. ¿Cuál es tu primer recuerdo de dudar de ti misma o de sentirte insegura?
2. ¿Alguna vez la inseguridad te ha impedido hacer algo?
3. Describe cómo te sientes cuando la duda susurra: "No puedo hacer esto." "Las cosas nunca van a cambiar." "Mi vida no va a mejorar." "Es demasiado difícil." "Más vale que me rinda."

4. Describe qué pasa en tu corazón cuando lees estas palabras de Dios: "No se avergonzarán los que esperan en mí" (Isaías 49:23). "He aquí que yo hago cosa nueva" (Isaías 43:19). "Y sabemos que a los que aman a Dios, todas las cosas les ayudan a bien, esto es, a los que conforme a su propósito son llamados" (Romanos 8:28). "Al que cree todo le es posible" (Marcos 9:23).

5. ¿Qué crees tú que es lo que más te impide vivir con confianza en Dios de manera constante? ¿Alguna de las promesas enumeradas antes habla a tu mayor necesidad en este momento?

6. ¿Cómo describirías a una mujer con un corazón confiado?

7. Lee Jeremías 17:7. ¿Qué promete este versículo y qué te anima a hacer? Piensa en una situación en la que pudieras vivir el poder de esta promesa y describe cómo será eso durante esta semana.

2

Ya que el amor de Dios es perfecto, yo no tengo que serlo

Nadie ha visto jamás a Dios, pero si nos amamos los unos a los otros, Dios permanece entre nosotros, y entre nosotros su amor se ha manifestado plenamente.

1 Juan 4:12

Cuando llegué a la entrada de la casa me fijé en un sobre que estaba pegado a la puerta. De inmediato traté de recordar qué habría hecho yo que meritara una nota de agradecimiento, pero no se me ocurría nada. Estaba tan emocionada que ni siquiera abrí la puerta del garaje. En cambio, estacioné el auto, me bajé y caminé al portal para buscar la nota.

Para mi desgracia, descubrí que no era una nota de agradecimiento. En lugar de eso era un aviso. Alguien en el comité arquitectónico del vecindario había venido para informarnos que las repisas de nuestras ventanas y las columnas del portal necesitaban reparación y pintura en un plazo de treinta días o nos pondrían una multa. ¡Me sentí humillada! ¿Se veía tan mal nuestra casa como para merecer un aviso oficial? ¿Se habían tomado el tiempo de mirar por las ventanas y ver los nuevos pisos en la cocina y las remodelaciones en la cocina? Yo me defendía ante la "policía del barrio", que ni siquiera estaba allí para escucharme. Me los imaginaba sentados alrededor de una mesa, hablando de nosotros en una reunión de propietarios mientras escribían otros avisos por exceso de escombros en el patio y colores de pintura inadecuados.

Mi humillación se convirtió en frustración cuando mi esposo llegó a casa unos minutos después. Él no sabía qué pensar mientras yo agitaba el sobre en mi mano y le decía: "Hay 400 casa en nuestro vecindario, y muchas están en peores condiciones. ¿Cómo pudieron fijarse siquiera en las repisas de las ventanas y el portal? Por lo menos hay 40 pies de nuestra casa a la acera".

En nuestro patio tenemos enormes árboles de peras que bloquean la vista desde la calle, así que yo sabía que alguien debía haber entrado a nuestra propiedad. Para demostrarlo, caminé hasta la callé y anuncié que apenas podía ver las ventanas o las columnas. "La casa luce bien", insistía yo.

Realmente era así... de lejos. Pero mientras regresaba al portal y miré más de cerca, tuve que reconocer que los vientos del invierno y el calor del verano habían desteñido la pintura. Se estaba cayendo por algunas partes y la madera de nuestras columnas de 30 pies necesitaba un poco de reparación. Ya que habíamos pasado meses (y la mayor parte de nuestro dinero) reemplazando mostradores, pisos y alfombras adentro, comenzamos a hacer planes para realizar el trabajo de afuera nosotros mismos. Lo que creímos que tomaría unas pocas horas se convirtió en varios días. Pasamos fines de semana subidos en escaleras raspando, dando base y pintando.

De lejos

Mientras más lijábamos y raspábamos, más se caía la pintura. Mientras pintaba, más pensaba en cómo desde lejos la casa sí lucía bien. Entonces pensé cómo yo puedo parecerme a mi casa. De lejos parece que estoy bien. Puede ser difícil dejar que la gente sepa cómo estamos realmente. No queremos serles carga, ¿verdad? Sin dudas no queremos que la gente vea cómo se cae la pintura de nuestras imperfecciones o las actitudes podridas en las repisas de nuestras mentes. Da vergüenza que la gente vea nuestras faltas y fracasos, así que nos esforzamos por dar la impresión de que estamos bien, de lejos.

A veces creo que les decimos a las personas que estamos bien, incluso cuando no es así, porque queremos estar bien. O esperamos que al decir que estamos bien, al final lo estaremos. En otras ocasiones actuamos como que estamos bien porque otros esperan que lo estemos. Por supuesto, hay días en que las hormonas superan a los buenos modales y la razón. Días en que cualquier a diez pies de distancia sabe que no estás bien. Aunque les decimos a las personas que estamos bien, ¡lo que realmente queremos decir es que estamos **B**aldadas, **I**rritadas, **E**xhaustas y **N**euróticas!

Ser honestas en cuanto a quiénes somos y cómo estamos es riesgoso sobre todo cuando se trata de nuestras inseguridades. Nos asusta que si las personas saben que dudamos de nosotras mismas, ellas también comenzarán a dudar de nosotras. Llegamos al trabajo el lunes en la mañana con una sonrisa, con la esperanza de que nadie nos pregunte por el fin de semana. El dolor del rechazo todavía está latente al no haber sido invitadas a la parrillada en casa de una compañera de trabajo, mientras que todos los demás sí lo fueron. O nos ponemos en la fila para recoger a los chicos en la escuela y alguien pregunta por la Navidad. "Todo bien", decimos aguantando las lágrimas que vinieron tras una celebración llena de dolor, luchas, soledad y desilusión.

Lo peor es el domingo en la mañana. ¿Cuántas de nosotras salimos apuradas, quejándonos por la ropa de nuestros hijos y cómo se están portando, manejamos a la iglesia discutiendo con nuestro esposo y luego nos decimos que somos la peor madre y esposa del planeta? Estamos convencidas de que si cualquier pudiera descubrir quiénes somos realmente, no nos dejarían entrar a la iglesia. Entonces entramos al servicio... sonriendo. Alguien nos pregunta cómo estamos y decimos una mentira entre dientes: "¡Estoy bien! ¡Estamos de lo mejor!"

Fingir

Fingir lleva a esconder y a aislarnos. Lo que necesitamos es alguien que nos busque y nos acepte incluso con nuestras faltas. Sin embargo, la mayoría de nosotras duda de que alguien siga a nuestro lado si les dejamos acercarse demasiado. Así que levantamos muros y escondemos nuestras luchas, incluso de Dios, con la esperanza de que le convenceremos a él y a todos los demás de que estamos bien.

Sin embargo, con el tiempo nos sorprendemos en la sombra de la duda, convencidas de que no vale la pena conocernos ni buscarnos. Poco a poco comenzamos a creer que tenemos que ser perfectas para ser amadas y aceptadas. Sabemos que nunca lo seremos, pero nos moriremos intentándolo, ¿no es cierto?

Durante gran parte de mi vida yo puse sobre mí misma expectativas de perfección porque pensaba que si dejaba que otros vieran mis debilidades e inseguridades, me tendrían a menos, y con el tiempo me abandonarían. Mis padres se divorciaron cuando yo tenía dos años y mi papá se volvió a casar. Aunque pasábamos tiempo juntos y a menudo él me hacía regalo, era difícil para él dar mucho de sí mismo.

Sin embargo, yo anhelaba el amor y la aprobación de mi padre. Pensaba que si sacaba buenas notas, que si era más bonita o más inteligente, que si lograba cosas u obtenía el título que él quería, entonces mi papá me valoraría. De adulta he llegado a entender que creía que no valía la pena quedarse por mí y que si hubiera hecho algo diferente, mi padre no nos habría abandonado.

"Tú no meritas quedarse", fue una mentira pero se convirtió en la verdad mediante la cual yo filtraba mi valor en todas mis relaciones. Traté de ganarme el valor mediante un sistema de valores basado en mi desempeño, convencida de que si hacía lo correcto, decía las cosas correctas, me ponía las cosas correctas y lucía de la manera correcta, entonces valdría la pena quedarse por mí.

Mi vida distaba mucho de ser perfecta pero yo no quería que nadie lo supiera. Por fuera todo lucía "bien"; sin embargo, por dentro me perseguían pensamientos de que nunca sería lo suficientemente buena. Sentía como que nunca podría hacer suficiente para estar a esa altura.

Cuánto anhelaba que alguien pudiera ver más allá de la fachada exterior y mirara en los lugares secretos de mi corazón. Quería que me conocieran y mi amaran tal como era. Sin embargo, si bajaba la guardia, temía que alguien dijera que era demasiado sensible o demasiado seria. Había pasado antes. Así que fingía que todo estaba bien. Con cada intento de mantener a los demás impresionados y distantes, me adentraba más en la sombra de la duda. Aunque estaba rodeada de personas, mis inseguridades me convencían de que estaba completamente sola.

Cuando llegué a la universidad no podía seguir fingiendo. Se me acabó la pintura. Las columnas de mi vida comenzaron a derrumbarse. Las repisas de las ventanas de mi corazón empezaron a podrirse.

Aunque había asistido irregularmente a la iglesia durante años, en realidad nunca había entendido los mensajes que escuchaba. Iba a la iglesia porque mis amigas iban. Iba porque mi novio me invitó, lo cual implicaba que pasaría más tiempo con él el domingo. Por fin, cuando tenía unos veinte años, comencé a ir por mí misma. Comencé a escuchar y a entender realmente lo que se decía.

Un día me di cuenta de que no podía seguir fingiendo. No estaba bien y no podía aparentarlo más.

Íntimo y personal

De manera muy lenta pero segura los muros alrededor de mi corazón comenzaron a caer. Con el tiempo Dios me reveló su corazón mediante los sermones de una iglesia cercana y de libros que leí, pero más que nada, me habló a través de la Biblia. Mediante su Palabra escrita en la página y su Palabra viva en la persona de Cristo, llegué a conocer a un Salvador íntimo y personal que busca a mujeres imperfectas como yo. Leí historias que se hacían eco de las luchas y deseos de mi corazón. Escondidas en esas historias descubrí las promesas de Dios y cómo él responde a los anhelos y las heridas de sus hijos. Leí palabras que me dieron esperanza y me aseguraron que no estaba sola.

Una de mis imágenes favoritas de cómo Dios nos busca está en el evangelio de Juan capítulo 4. El personaje principal de la historia se conoce como la mujer samaritana, pero a mí me gusta decirle Sam. Le hace parecer más a la mujer real que fue, con un corazón que se había roto, como nos pasa a tantas. Durante años Sam había buscado encontrar la aceptación, amor y aprobación en el corazón de un hombre.

Se había casado cinco veces. En su cultura, las mujeres no podían divorciarse de los maridos, así que cinco hombres la habían desechado y ahora vivía con un hombre que no creía que valiera la pena comprometerse con ella. La conocemos un día mientras está haciendo mandados y huyendo de los que conocían todos sus errores y matrimonios fallidos. Con sentimientos de imperfección y vergüenza, caminó sola hacia el pozo aquel día.

Lo típico era que las mujeres vinieran al pozo en la mañana o temprano en la tarde. Viajaban juntas en los momentos más frescos del día para evitar el calor abrasador del sol pues de regreso a casa cargaban cántaros pesados llenos de agua. Pero Sam no; ella iba sola.

Muchos teólogos creen que en lugar de evitar el calor abrasador del sol, ella iba al pozo al mediodía para evitar el dolor abrasador del rechazo y juicio de otros. El peso del cántaro lleno de agua en el calor debe haber sido casi insoportable, pero el peso de las palabras de sus vecinas, que le recordaban sus fracasos e imperfecciones, era mucho más de lo que podía soportar.

Imagino que en una ocasión Sam caminó al pozo con las otras mujeres del pueblo. Hablaban de su día, sus esposos y sus hijos…pero entonces, comenzaron a hablar de ella. Susurros y miradas deben haber seguido al primer divorcio, juicio y vergüenza luego del segundo. ¿En qué momento Sam se distanció? ¿Dio excusas para quedarse rezagada mientras las demás se adelantaban, insistiendo en que estaba "bien", pero iría más tarde? Vamos a retomar su historia cuando ella se encuentra con Jesús:

> Vino una mujer de Samaria a sacar agua; y Jesús le dijo: Dame de beber. Pues sus discípulos habían ido a la ciudad a comprar de comer. La mujer samaritana le dijo: ¿Cómo tú, siendo judío, me pides a mí de beber, que soy mujer samaritana? Porque judíos y samaritanos no se tratan entre sí. Respondió Jesús y le dijo: Si conocieras el don de Dios, y quién es el que te dice: Dame de beber; tú le pedirías, y él te daría agua viva. (Juan 4:7–10)

Cuando Sam vio a Jesús sentado en el pozo aquel día no sabía quién era. Se daba cuenta de que era judío por la manera en que estaba vestido y se preguntaba por qué le hablaba a ella, una samaritana. Los hombres no hablaban con las mujeres en público. Al principio Sam debe haber evitado mirarle a los ojos. ¿Se preguntó si él quería algo al igual que los demás hombres de su vida? Sí, pero no era lo que ella debe haber esperado.

Cuando él habló, ella escuchó la gentileza de su voz. Había bondad y humildad en su sencilla petición para que le diera de beber. Cuando ella miró a sus ojos vio aceptación, no juicio; amor, no odio. Se sintió valiosa en su presencia, como si tuviera algo que ofrecer. Él tenía algo diferente.

Él está ahí

Jesús pudo haber escogido estar en cualquier otro lugar aquel día, pero estaba allí, buscando a Sam. Juan nos dice en el versículo 4 que a Jesús "le era necesario pasar por Samaria". Los judíos pensaban que los samaritanos eran la escoria de la sociedad. Por lo general, si estaba cerca de Samaria, le daban la vuelta, pero Jesús no. A él *le era necesario* pasar por Samaria porque sabía que Sam estaría allí.

Como sabía que ella estaba huyendo de aquello que le recordaba sus imperfecciones, él calculó el tiempo para que ella se encontrara con él y descubriera su amor perfecto. Inició la conversación y le pidió lo único que ella podía ofrecerle: agua. No era mucho pero era un punto de partida. Era fácil para Sam llenar su cántaro y regresar a casa, regresar al ajetreo de su día; pero se detuvo y escuchó.

Jesús se encontró con Sam en uno de los momentos más solitario de su día. De la misma manera está esperando por nosotros en medio de nuestras vidas imperfectas, cuando nuestro dolor y nuestros fracasos confirman nuestras dudas. Está ahí, esperando por nosotros, cuando hacemos las cosas automáticamente, conscientes de lo que hay que hacer pero inconscientes de cómo lo haremos. Está en esas mañanas cuando no podemos dejar de criticarnos por haber metido la pata el día anterior; cuando vamos a trabajar y nos preguntamos por qué estamos ahí.

Durante los días interminables de cambiar pañales y lavar ropa, de preguntarnos si encontraremos significado en la monotonía de la maternidad, él está ahí. Cuando regresamos a una casa vacía y nos preguntamos por qué no tenemos una familia, o regresamos a casa donde un adolescente nos menosprecia y un esposo nos ignora, Jesús está ahí.

Si alguna vez has dudado que Dios te busca de manera personal, permite que esta verdad te embargue, amiga: dondequiera que estés, él quiere encontrarse contigo ahí. Él está esperando que te detengas, que te acerques y que prestes tu corazón a escucharle. No tienes que fingir que las cosas están bien cuando no lo están. Él sabe lo que estás pensando. Nada puede impedirle querer estar contigo.

Él te invita a venir a él y recibir el amor perfecto que ofrece, un amor que echar fuera nuestro temor, un amor que es paciente y bondadoso, un amor que no lleva cuentas de nuestros errores. Eso fue lo que él le ofreció a Sam, y lo que nos ofrece a ti y a mí.

¿Y esto me hará la vida más fácil?

Jesús le dijo a Sam que si ella supiera con quién estaba hablando, ni se molestaría con el agua del pozo. En cambio, le pediría a él que le diera agua viva:

> La mujer le dijo: Señor, no tienes con qué sacarla, y el pozo es hondo. ¿De dónde, pues, tienes el agua viva? ¿Acaso eres tú mayor que nuestro padre Jacob, que nos dio este pozo, del cual bebieron él, sus hijos y sus ganados? Respondió Jesús y le dijo: Cualquiera que bebiere de esta agua, volverá a tener sed; mas el que bebiere del agua que yo le daré, no tendrá sed jamás; sino que el agua que yo le daré será en él una fuente de agua que salte para vida eterna. (Juan 4:11–15)

Sam no comprendió la plenitud de su promesa, así que se enfocó en la primera parte de la oración de Jesús, que en su mente se igualaba a "esto podría hacerme la vida más fácil". No volver a tener jamás significaba no tener que regresar al pozo cada día. ¡Sus mandados serían más breves y su lista de cosas por hacer se reduciría a la mitad!

¿Alguna vez lees las promesas de Dios y caes en la costumbre de pensar: "¡Ay, mi vida sería mucho más fácil si Dios hiciera esto!"? Yo lo hago. Es fácil acercarnos a Dios como el genio de la lámpara, con la esperanza de que nos conceda nuestros deseos. Algunos días le digo a Dios lo que necesito hacer y reduzco mis oraciones a pedirle que bendiga mis esfuerzos. No estoy queriendo decir que a Dios no le interesan nuestras necesidades cotidianas; a él le interesa cada detalle de nuestras vidas. Pero si solo vivimos en la superficie con Dios, nunca experimentaremos la intimidad que anhelamos o la aceptación y la seguridad que él ofrece.

En lugar de simplemente hacer nuestras vidas más fáciles, Dios quiere que nos acerquemos y le experimentemos a él y todo lo que tiene para darnos. Él sabe que nuestros problemas no se resolverán ni nuestra confianza se encontrará simplemente al hacer más cosas.

En cambio, nos invita a bajar la marcha y hablar con él sobre nuestro día y los deseos de nuestro corazón y pedirle que nos muestre los motivos de nuestras dudas e inseguridades. Él quiere que vayamos más allá de la superficie al pedirle que nos muestre *por qué* queremos lo que queremos. Entonces podemos preguntarle si lo que queremos es realmente lo que necesitamos.

Más allá de la superficie

Sam quería que Jesús cambiara el curso de su día pero necesitaba que él cambiar el curso de su vida. Así como el camino que ella recorría cada día al pozo para sacar agua, había un camino que recorría una y otra vez a los corazones de los hombres con la esperanza de que ellos pudieran saciar su sed emocional.

Jesús sabía que Sam, como nosotras, anhelaba ser amada y buscada por quien ella era, no por lo que pudiera hacer sino simplemente por sí misma. La única manera en que él podía satisfacer la sed de su alma era ayudándola a verla. Él podía ofrecerle agua viva, pero primero ella tenía que desearla, pedirla y luego recibirla. Así que Jesús llevó su conversación más allá de la superficie:

Jesús le dijo: Ve, llama a tu marido, y ven acá. Respondió la mujer y dijo: No tengo marido. Jesús le dijo: Bien has dicho: No tengo marido; porque cinco maridos has tenido, y el que ahora tienes no es tu marido; esto has dicho con verdad. (Juan 4:16–18)

¿Te imaginas el dolor de Sam? Siento el vacío de su confesión: "No tengo marido". Debe haber sido difícil decir esas palabras sabiendo que había tenido cinco esposos y luego descubrir que este hombre ya sabía tanto sobre ella. Había sido rechazada y abandonada cinco veces.

Sam estaba incómoda y no quería ir más allá de la superficie, así que rápidamente cambió el tema.

Le dijo la mujer: Señor, me parece que tú eres profeta. Nuestros padres adoraron en este monte, y vosotros decís que en Jerusalén es el lugar donde se debe adorar. (Juan 4:19–20)

Solo un profeta podría saber tanto sobre ella, así que le preguntó en qué lugar debía ir a la iglesia. Me pregunto si esa fue su manera de decirle: "Sí, he tenido cinco maridos y estos viviendo con alguien que no quiere comprometerse. Pero eso no es nada importante, estoy bien". ¿O sería un intento de cubrir su pecado con buenas obras? ¿Le estaría diciendo: "Mi vida personal es un desastre, pero soy una buena persona. Quiero hacer cosas buenas. Así que dígame, ¿adónde debo ir a la iglesia, en este monte o en Jerusalén?"

¿Alguna vez te has puesto una fachada de que todo está bien cuando no lo está? ¿Alguna vez has sentido temor de dejar que la gente sepa quién eres realmente? ¿No te gustaría estar en un lugar tan seguro que pudieras dejar de fingir y ser real con Dios y contigo misma (y con el tiempo con otras personas) en cuanto al punto en que estás y cómo llegaste allí?

Jesús le hizo a Sam estas preguntas para que ella pudiera ver el patrón de su vida y lo que este le estaba haciendo. La llevó más allá de la superficie y lo mostró lo que realmente estaba pasando en su corazón. Ayudó a Sam a ver que cada relación rota le había convencido de que no valía la pena quedarse por ella.

De la misma manera Jesús quiere ayudarte a ver lo que está pasando en tu corazón y aquello con lo que estás luchando y que está borrando tu seguridad y tu confianza. Si estuvieras hoy sentando con Jesús, ¿de qué crees que él quisiera conversar? Tal vez tu corazón necesita ser liberado de fingimientos y perfeccionismo. ¿Anhelas la aprobación de los demás y te preguntas por qué nunca es suficiente?

Tal vez has experimentado el dolor del divorcio o la devastación de un compromiso roto. ¿Alguna vez te has visto en un círculo de relaciones dañinas y destructivas y no sabes por qué? Tal vez la inseguridad o la infidelidad te han hecho dudar de que alguien mejor aparecerá. Tal vez ni siquiera sabes con lo que estás luchando, no hay problema. Jesús sí lo sabe.

En tantas ocasiones hacemos las cosas mecánicamente, una y otra vez, con la esperanza de que algo cambiará. Muy pocas de nosotros nos damos cuenta de que esta repetición es la definición de locura. Dejemos de mirar atrás y desear haber hecho las cosas de otra manera. Miremos debajo de la superficie con Jesús para que pueda mostrarnos los lugares en nuestros corazones que necesitan que él los repare.

Ser conocida es ser amada

Jesús conocía la historia de Sam y conoce la tuya. La palabra griega para "conocer" es *yada*. Significa una experiencia emocional profunda; una unión entre dos personas cuando una siente realmente las emociones de la otra. Jesús conoce tu dolor, tus temores, tus dudas y tus desilusiones. El comprende tus sueños y deseos.

Aunque a algunas de nosotras puede resultarnos incómodo que Dios conozca tanto de nosotras, es bueno ser conocidas, escuchadas y no juzgadas. Jesús es el único que puede satisfacer nuestras necesidades más profundas de ser aceptadas y de producir deleita por el solo hecho de quién somos. No podemos ofrecer nada más que nuestra presencia, pero igual él nos quiere.

¿Recuerdas cuando Jesús le dijo a Sam que el agua viva podría convertirse en un manantial en ella, que brota para *vida eterna*? Yo solía leer rápidamente las palabras "vida eterna" porque parecían tan religiosas. Sabía que significaban que Sam estaría con Jesús por la eternidad pero no veía qué impacto podía tener eso en mi vida cotidiana. Sin embargo, un día Dios me mostró por qué la "vida eterna" era una parte tan crucial de su promesa para Sam y para nosotros. En Juan 17:3, Jesús dijo: "Y esta es la vida eterna: que te *conozcan* a ti, el único Dios verdadero, y a Jesucristo, a quien has enviado" (cursivas de la autora).

Al ofrecer al Sam vida eterna, Jesús le estaba ofreciendo su don del Espíritu Santo, quien limpiaría sus pecados. Pero más todavía, la llevaría a una relación en la que ella podría *conocer* al único Dios verdadero y ser conocida por él.

¿Qué importancia tiene esto? Porque el cristianismo es la única fe que ofrece una relación con el Dios viviente. No solo conocemos *acerca* de nuestro Dios; nuestro Dios quiere que le *conozcamos*. Fuimos creadas para ese tipo de relación. Él quiere que encontremos una seguridad duradera para el alma al conocer que somos valoradas y buscadas por aquel que nos conoce y nos ama, el que creó nuestro ser más íntimo y nos entretejió en el vientre de nuestras madres (Salmo 139:13). ¿Has dejado que el evangelio de la gracia de Dios pase de tu cabeza a tu corazón para que puedas saber, sin lugar a dudas, que Dios te ama de manera íntima y completa?

Nuestra imagen de Dios

Yo no crecí conociendo el amor de Dios. Realmente no conocía a Dios por quien él es y no tenía idea de que él quería una relación personal conmigo. A menudo nuestra imagen de Dios queda moldeada por los recuerdos y percepciones de la infancia, buenos y malos. Cuando yo era una niña percibía a Dios como distante, que no estaba disponible y era inalcanzable. Mi imagen de él provocaba sentimientos de temor y juicio en lugar de protección y aceptación. Yo quería agradarle para que no se pusiera bravo conmigo. Me lo imagina mirando al margen de la vida, llevando cuentas y sentía que siempre lo desilusionaba. En pocas palabras, había creado a Dios a imagen de mi padre.

Mi papá mostraba amor comprándome cosas. Así que si Dios traía cosas buenas a mi vida, yo sentía su aprobación. Mi papá mostraba la desilusión al retraerse y enojarse. Cuando la vida era dura y yo me sentía sola, me preguntaba qué había hecho mal y si Dios me estaba dando la espalda.

Cuando tenía doce años mi mamá se volvió a casar y nos mudamos a un pueblo pequeño en Carolina del Norte. Cuando usted vive en lo que se conoce como "la zona bíblica", ir a la iglesia cada domingo es como ir a la piscina en los cálidos días del verano. Es lo normal, así que yo lo hacía.

Fue entonces cuando comencé a escuchar sobre la gracia, el amor y el perdón de Dios. Escuché cómo Jesús murió por nuestros pecados y quiere tener una relación con nosotros. Con el tiempo llegué a conocer a Dios por quien es mediante la persona de Jesucristo, quien es "el resplandor de su gloria, y la imagen misma de su sustancia" (Hebreos 1:3).

Descubría que Dios no era la imagen de mi padre sino que como hija de Dios yo había sido más bien creada a su imagen. Fui hecha para conocerle y ser conocida por él, y tú también. ¿Hay imágenes de Dios en tu corazón que necesitan ser reemplazadas, reparadas y restauradas?

Más que conocer

Una relación personal con dios nos libera para ser todo aquello para lo que él nos creó. Como hijas de Dios fuimos diseñadas para encontrar nuestra identidad, significado y confianza en él. Cuando respondemos a la invitación de Dios y aceptamos el regalo de salvación de Jesús, no solo aceptamos una nueva filosofía para la vida. Establecemos una relación personal con nuestro Creador, aquel que nos conoce y nos acepta en absoluto, pero que además desea nuestra transformación para que podamos convertirnos en todo aquello para lo que él nos creó.

¿Recuerdas el día en que yo estaba pintando la casa? Parada en la escalera pensé cuán necesarias eran a fin de cuentas esas reparaciones. Ya no estaba enojada porque alguien del vecindario hubiera venido a mirar de cerca y con tanta intimidad. Más bien me alegraba de que se hubieran interesado tanto como para decírnoslo.

Así mismo sucede con Jesús. Él se da cuenta y se interesa lo suficiente como para decirnos que nuestros corazones necesitan reparación. El no nos dejará un aviso en la puerta, sino que se dejó a sí mismo, como una carta de amor clavada en la cruz del Calvario, declarando así la profundidad de su amor perfecto. Mediante su muerte y resurrección se nos ofrece el regalo de una nueva vida mediante el Espíritu Santo y la seguridad duradera mediante nuestra relación con Cristo.

La única manera en que tendremos un corazón confiado es si pasamos de conocer acerca de él, a conocerle y depender de él: a depender de su Palabra de todo corazón, alma y mente.

Tal vez tú eres como yo, has creído en él por años pero en realidad no le has *creído* a él por completo. Por lo menos no siempre te sientes o vives como si sus promesas fueran verdad para ti.

Tal vez sabes que Dios te ama y perdona pero sigues "golpeándote" por los errores que has cometido y las formas en que crees que le has fallado a él y a otros.

Hoy puede ser el día en que el evangelio de la gracia pase de tu cabeza a tu corazón. Hoy puede ser el día en que das tu primer paso para salir de las sombras de la duda y comenzar a vivir realmente en la verdad.

¿Dejarás que tu deseo de ser conocida y amada tal cual eres te lleve a una relación más íntima y personal con Jesús?

El primer paso es aceptar tus imperfecciones a la luz del amor perfecto de Dios, "estando persuadido de esto, que el que comenzó en vosotros la buena obra, la perfeccionará hasta el día de Jesucristo" (Filipenses 1:6). También sé que es posible que estés en un punto diferente. Un lugar nuevo. Un lugar desconocido. Como Sam, tal vez conoces de Dios pero no conoces a Dios personalmente. Me alegra mucho que hayas llegado hasta aquí y que esté haciendo esta trayectoria conmigo. Puedo imaginar que Dios está sonriendo. Sé cuánto él desea darte su gracia y verdad. También te está invitando a una relación íntima y estrecha mediante Jesús para que puedas conocerle, quedar libre mediante su perdón y experimentar la plenitud de su amor.

Si quisieras aceptar a Jesús como el Señor de tu vida, puedes hacer la oración siguiente o usarla como guía para crear una propia. Solo habla con Dios de corazón, con honestidad y sinceridad.

Señor, lamento haber hecho cosas para separarme de ti y de otras personas. Confieso que he pecado contra ti y te pido que me perdones. Reconozco que nunca podría ganar la salvación mediante mis buenas obras, pero vengo a ti y pongo mi confianza en lo que Jesús hizo por mí en la cruz. Creo que me amas y que Jesús murió y resucitó para que yo pudiera ser perdonada y llegar a conocerte. Ven a mi corazón y sé el Señor de mi vida. Confío en ti y te doy gracias por amarme tanto que puedo conocerte de manera íntima y personal aquí en la tierra y pasar el resto de la eternidad contigo en el cielo. En el nombre de Jesús, amén.

Amiga querida, dondequiera que estés, Jesús se encuentra contigo allí. Tú y yo no somos dignas de su amor y nunca podremos hacer nada para merecerlo, pero valemos su amor porque él escogió dárnoslo. ¡Somos suyas! Aférrate a esta promesa y vive en el poder de su verdad: ya que el amor de Dios es perfecto, ¡tú no tienes que serlo!

Orar las promesas de Dios

Que el Dios de nuestro Señor Jesucristo, el Padre de gloria, me dé espíritu de sabiduría y de revelación para conocerlo mejor. Quiero conocer y depender del amor que siente por mí, Jesús, y vivir en ese amor. Tú dices que cualquier que permanece en el amor, permanece en ti, y tú en él. De esta manera el amor se perfecciona en mí para poder tener confianza hoy y siempre. Quiero una relación íntima y personal contigo, una relación en la que no tenga que fingir ni esconder nada.

Cuando me sienta insegura, insignificante o no amada, recuérdame que tu perfecto amor tiene poder para echar fuera mi temor. Gracias por tu amor que es paciente, benigno y que no guarda rencor. Confío en que ya que tu amor es perfecto, yo no tengo que serlo. Permaneceré en tu amor y estaré confiada en esto: el que comenzó la buena obra en mí, la perfeccionará hasta el día de Jesucristo. Oro en el nombre de Jesús, amén.

Ver Efesios 1:17; Hebreos 1:3; 1 Juan 4:16–18; 1 Corintios 13:4–5; Juan 15:9; Filipenses 1:6.

Preguntas para reflexionar y debatir

1. Piensa en tu niñez y en tus primeros recuerdos de Dios. Describe la imagen que tenías de él cuando eras niña.
2. ¿En qué se parece la percepción que tenías de Dios en tu niñez a lo que ves en Cristo mediante su interacción con Sam? Enumera las similitudes y diferencias.
3. ¿Alguna vez sientes que eres la única que lucha con la duda y la inseguridad? ¿Por qué o por qué no?
4. Jesús quiere crear un lugar seguro en el que seas transparente con él, donde puedas hacer preguntas y ser real en cuanto a tus deseos, dudas, desilusiones y sueños.

Él te conoce y quiere que tú le conozcas realmente. ¿La idea de este tipo de relación con Dios te resulta reconfortante o incómoda, por qué?

5. ¿Alguna vez ha pasado algo que hizo que te distanciaras de Dios o de las personas? ¿Cómo te hace sentir el saber que Jesús te comprende y que está contigo a cada momento, cada día? ¿Cuándo necesitas más su presencia y seguridad?

6. Vuelve a leer la historia de Sam en Juan 4, pídele a Jesús que se encuentre contigo allí y que te muestre qué cosas en tu corazón necesitan que él las repare. ¿Hay alguna parte de mi historia o de la historia de Sam con la que te identificas más?

7. ¿Qué lección te llevarás de este capítulo a la cual te aferrarás para poder vivir en la seguridad de la aprobación y la aceptación de Dios?

3

Encontrar un amor que no fallará
incluso cuando yo falle

¡Cuán preciosa, oh Dios, es tu misericordia!
Por eso los hijos de los hombres se amparan bajo la sombra de tus
alas.

Salmo 36:7

Un domingo por la tarde me sentía un poquito perdida, en medio de mi nueva vida en Cristo y mi antigua vida sin él. Era el último semestre de mi último año en el instituto Meredith y había algo en mi corazón que yo no podía resolver. Durante tanto tiempo de mi vida me había sentido vacía y confundida, y no podía descifrar por qué todas las relaciones y cosas por las que había trabajado tan duro no podía llenarme ni satisfacerme.

Decidí salir a caminar bajo la cubierta de robles que bordeaban el camino que rodeaba el campus del instituto. Con las manos apretadas en los bolsillos, me ajustaba la chaqueta y respiraba el aire fresco, alcé los ojos y miré al cielo azul. El olor de las azaleas y la brisa fresca contrastaban con el calor del sol en mis mejillas y hacían que me preguntara cómo pude vivir en un lugar tan hermoso durante cuatro años y no obstante, sentirme tan vacía e infeliz. Por fuera la vida parecía estar muy bien: estaba a punto de graduarme con honores y tenía ofertas de trabajo, un novio nuevo y un auto deportivo muy bonito. Pero por dentro estaba sufriendo una muerte emocional lenta y solitaria que mi médico había diagnosticado como depresión clínica. Pensé en cómo había llenado mi horario y mi mente con actividades y responsabilidades, al punto de la sobrecarga. Tenía la esperanza de que me distrajeran de mi vacío.

Cuando los demasiados compromisos no resultaron, traté de ahogar mi dolor con la bebida. Pero el huir de la oscuridad a un lugar de felicidad temporal por lo general se acababa a la mañana siguiente. Mis esfuerzos por salir del hoyo eran más bien como una pala que cava un hoyo más profundo donde habitara mi corazón, un lugar vacío en mi alma donde los sentimientos de desesperación me tenían secuestrada. Mientras más hacía y tenía, más cuestionaba por qué no estaba satisfecha y más duda de que alguna vez lo pudiera estar.

Las cosas que hacemos por amor
Mientras caminaba aquel día, mis ojos deambulaban por los edificios, los albergues y otros lugares que quedaban señalados en mis recuerdos. De repente mi mente se llenó de rostros que me recordaban mis esfuerzos y las personas que yo había esperado que pudieran llenar mi vacío. Ver el edificio de ingreso me hizo pensar en mi mamá y cuánto ella quería que yo fuera al instituto Meredith.

No era una escuela que nosotros pudiéramos pagar. Necesité préstamos, becas y estipendios. Mi padre insistía en que no fuera, lo que hizo que mi madre estuviera todavía más resuelta a que lo hiciera. El día que ella y yo pasábamos bajo el arco de globos de bienvenida, estacionamos bajo el edificio de ingreso y pasamos la inscripción para alumnos de primer año fue el día en que por primera puse un pie en el lugar.

Yo quería hacer feliz a mi mamá así que estuve de acuerdo en mudarme con personas que nunca había conocido y asistir a una universidad que nunca había visitado, en una ciudad en la que nunca había estado. Traté de estar emocionada el día que llegamos pero en cambio un mar de lágrimas amenazaba con desbordar el dique de mis emociones, contenido por una sonrisa fingida.

Mi casa estaba a horas de distancia y también lo estaba mi novio. ¿Qué hacía yo ahí? No sabía quién era ni lo que quería. Toda mi vida había dependido de mi mamá para que me ayudara a descubrirlo, pero ella tenía que regresar a casa. Cuando se fue, me quedé sola. Sin su presencia y guía me sentía perdida.

Seguí caminando, miré al anfiteatro, frente al edificio de ingreso, donde tendría lugar mi graduación en pocas semanas. Estaba rodeado de hermosos céspedes verdes donde los alumnos estudiaban y las parejas se acurrucaban en mantas de picnic. Yo había sido una de ellos.

Las lágrimas corrían por mis mejillas mientras pensaba en mi primer amor, el muchacho que fue mi novio durante toda la secundaria y la universidad. En el verano antes de mi último año nuestros planes de un futuro junto se derrumbaron bajo mi presión de esperar que él fuera todo lo que yo necesitaba y él quería libertad para ser quien él quería. Yo había estado perdida por él, creo que demasiado perdida.

Me quedé allí parada pensando en las cosas locas que había hecho por su amor. Me da deseos de meterme debajo de una piedra cuando hoy lo recuerdo. Aunque lo había alejado de mí, quería que él quisiera volver conmigo. Quería que él me dijera que yo valía lo que hubiera que cambiar para que pudiéramos ser felices juntos. Un día de pasada una amiga mencionó que mi ex novio venía a nuestra ciudad el fin de semana. Trabajábamos cerca, así que decidí estacionarme cerca de su oficina y esperar que él saliera el viernes.

Ambos "coincidimos" en Wendy's [restaurante de comida rápida] para buscar comida, a la misma hora, y nos encontramos. Él mostró su sonrisa de cachorrito, lo cual hizo que me sintiera todavía más desesperada. Cuando terminé mi pedido, me subí al auto justo a tiempo para salir y seguirlo durante horas porque "casualmente" yo también iba a casa ese fin de semana. Mientras tenía la esperanza de que él bajara la velocidad y me hiciera una señal para detenernos y conversar. Esperaba que al verme en Wendy's y al ver el reflejo de mi auto en su retrovisor le hiciera darse cuenta de que no podía vivir sin mí. De veras, ¿en qué estaba yo pensando? Como podrás imaginar, él nunca se detuvo ni me dijo que yo valiera lo que fuera necesario para que nuestro amor durara. Ese verano algo dentro de mí se derrumbó. Cuando él me dijo que yo no podía ser lo que yo necesitaba que fuera, yo escuché: "Tú no vales tanto como la cerveza y las fiestas a las que quieres que renuncie".

Traté de escapar de mis viejos sentimientos de abandono y de acallar la maldición de la inseguridad que susurraba: "Ves, *no* vale la pena quedarse por ti". Para anestesiar mi dolor comencé a hacer lo que le había suplicado a él que dejar de hacer: bebía cantidades excesivas de alcohol cada día. Sin su amor me sentía incompleta.

Lo que siempre quise

Parada allí, mirando al anfiteatro, me sequé las lágrimas y los recuerdos que había en la mente, y seguí caminando. Al pasar cada edificio pensaba en los profesores, los consejeros y los amigos que habían tratado de ayudarme a descubrir qué pasaba. Aunque había logrado éxitos, me sentía fracasada. Me recordaban todo lo que había logrado y el futuro que tenía delante de mí.

Eso me hacía sentir bien por un tiempo, pero luego regresaba al mismo punto conocido de la duda de mí misma. Mi mamá me había criado para que fuera una mujer decidida y fuerte. Me mandó a la universidad para que obtuviera una buena educación y así nunca tuviera que depender de nadie. Según las normas de todo el mundo, eso es lo que yo debía ser a esas alturas: una mujer confiada. Pero mi corazón era como la costa de una playa, arrasada por las mareas de relaciones rotas, inseguridades y sueños destrozados.

Volví a dejar de caminar y me quedé parada allí, absorbiéndolo todo. No podía evitar preguntarme: ¿por qué nunca era suficiente? *¿Por qué todo lo que había tenido nunca era suficiente para llenarme y satisfacerme?*

No recuerdo si estaba hablando con Dios o conmigo misma, pero no tengo dudas de que él respondió. Una idea recorrió mi alma y unió dos palabras que yo nunca había usado juntas en una misma oración.

Renee, lo que tú siempre has querido es amor incondicional. ¿Amor incondicional? No sabía que existiera algo así. Dudaba de que pudiera existir. Entonces escuché un susurro en mi alma que habló a mi corazón con tal claridad que supe que no era yo quien hablaba. *Has estado tratando de ganar tu valía con todo lo que has hecho. Pero nunca encontrarás el amor que anhelas en nadie ni en nada solo en MÍ. YO SOY el amor incondicional que tú estás buscando.*

Amor incondicional. Dos palabras que yo nunca había unido se convirtieron en la respuesta a la pregunta de mi vida. En mi mente estas palabras eran antónimas. Yo no tenía concepto de amor sin condiciones. Era lo único que yo conocía. La idea de que Dios me valorara tanto que su amor nunca fallaría, incluso si yo le fallaba, era inconcebible; sin embargo, algo muy dentro de mi alma me decía que era verdad. Yo había estado buscando un amor que no me pudieran quitar. Un amor que no fallara incluso cuando yo lo hiciera. Un amor que yo no tuviera que ganarme. Un amor que no pudiera perder. No sabía qué hacer.

En búsqueda de significado

Al recordarlo, ahora veo que había estado buscando significado y tratando de llenar un vacío en mi corazón con personas, lugares y cosas. Había estado tratando de ganar la aprobación de mis padres porque vivía para lograr su reconocimiento. Trabajaba duro para demostrar mi valía a mis profesores y amigos, pero nunca era suficiente. Hasta que nuestros corazones no encuentren una completa seguridad y significado en el amor incondicional de Dios, nunca estaremos satisfechos.

Aquellas de nosotras que luchamos con la inseguridad y nos encontramos en la sombra de la duda, a menudo llegamos allí porque estamos buscando reconocimiento en las opiniones de las personas, nuestra valía en logras y nuestra identidad en demasiados compromisos. Eso solo puede durar un tiempo antes de que algo falle.

O nos cansamos y dejamos de intentarlo, o nos llevamos al punto de desgastarnos porque no sabemos poner límites.

Esa era yo. Siempre tenía que estar *haciendo algo*. Todavía tengo que tener cuidado, pero de eso hablaremos más adelante. Mi patrón de conducta dañino y desequilibrado comenzó cuando era una adolescente. Era la editora del anuario, capitana de las porristas de los equipos de baloncesto y fútbol, miembro del Club Beta y de la FCA, y ayudaba con el periódico de la escuela, participaba en actividades extracurriculares y tenía un trabajo a tiempo parcial. ¡Solo de escribirlo me cansa! Por temor a desilusionar a otros o de quedarme sin algún rol que desempeñar, no podía decir no. No es de extrañar que casi tuviera un colapso nervioso.

¿Recuerdas cuando conté en el capítulo 2 que por fin llegué al punto donde reconocí ante Dios y ante mí misma que no estaba bien? Fue unos pocos meses antes de esta caminata por el terreno de mi universidad. Durante el primer semestre de mi último año en la universidad llegué al límite. Recuerdo que estaba sentada en el piso de mi apartamento llorando en el teléfono con mi mamá. Soltaba preguntas como: "¿Me seguirás queriendo incluso si nunca logro nada más? ¿Si no consigo un trabajo o no llego a estar en la lista del decano? ¿Y si no me gradúo?" Ella me aseguraba que siempre me amaría y me suplicaba que regresara a casa. Cuatro horas después, entré por la puerta, me senté y lloré. No sabía de dónde venían todas mis preguntas, solo necesitaba poder hacerlas. Necesitaba que me abrazaran para sentirme segura mientras me derrumbaba.

Regresé a casa la semana siguiente sintiéndome mejor, pero dos semanas después volví a tocar fondo. La oscuridad era sofocante. No podía huir y no podía anestesiarla con alcohol ni escapar de ella buscando estar ocupada. Quería terminarla. Una noche fui a una fiesta y bebí demasiado alcohol. Al manejar de regreso me sentía desesperada, no quería seguir viviendo porque no podía arreglar nada o siquiera determinar por qué me sentía tan miserable. Dudaba de que alguna vez encontrara algo o alguien que pudiera llenarme o satisfacerme y estaba cansada de buscar.

Recuerdo que vi un poste telefónico y pensé que podía chocar contra él y todo el mundo pensaría que fue un accidente. Asustada por mis pensamientos, detuve el auto junto a la carretera y me puse a llorar. Recuerdo que dije: "Dios, si eres real, necesito que te hagas cargo. No puedo seguir así". Miré mis manos aguantando el timón y me imaginé que eran sus manos. La paz inundó mi corazón y me sequé las lágrimas. Regresé a la carretera.

No le conté a nadie lo que había pasado pero la semana siguiente vi unos folletos en la universidad que anunciaban un retiro patrocinado por una iglesia cercana que yo había visitado. Algo en mi corazón me hizo inscribirme para asistir.

Creo que fue la manera en que Dios respondió a mi grito de socorro. Estaba buscando la manera de salir de la oscuridad, buscando algo que llenara mi vacío, y Dios estaba llevando mi corazón al de él. Unas semanas después fui al retiro y escuché mensajes sobre su amor y su deseo de tener una relación conmigo. Algunas de esas cosas las había escuchado antes pero en esta ocasión el pastor hizo una pregunta que me hizo pensar que estaba hablándome directamente. Él dijo: "¿Has llegado al punto en que te das cuenta de que lo que haces no funciona y por fin estás dispuesto a admitir que no puedes seguir así? ¿Estás listo para rendir tu corazón a Jesús?" Me quedé en shock, estaba convencida de que este hombre tenía una línea directa con Dios porque dijo casi las mismas palabras que yo le había dicho a él hacía unas semanas en mi auto. Esa noche le rendí mi corazón a Cristo. Era enero de 1989.

¿Es suficiente el amor de Dios?

En los meses y años que llevaron a aquella noche en la iglesia, yo había escuchado muchas veces acerca del amor de Dios. Tenía conocimiento en mi cabeza acerca de su amor pero no había comprendido el poder de su amor incondicional para llenarme y satisfacer. Yo no sabía cuánto necesitaba que el conocimiento de su amor infalible pasara de mi cabeza a mi corazón.

Creo que por fin comencé a entenderlo ese día mientras caminaba por la universidad. Dios me mostró todo lo que había estado buscando y que desde el principio era él. Había encontrado la respuesta a la pregunta de mi corazón.

Sin embargo, para ser honesta, me preguntaba cómo el amor de Dios podía ser suficiente. Yo quería que fuera así pero dudaba que él pudiera llenar todos los lugares vacíos en mi corazón. Nuestra amiga Sam cuestionó a Jesús cuando él le ofreció un agua viva que podía satisfacerla tanto que ella nunca más tendría sed: "La mujer le dijo: Señor, no tienes con qué sacarla, y el pozo es hondo. ¿De dónde, pues, tienes el agua viva?" (Juan 4:11). Como Sam, yo sabía que mis necesidades eran infinitas. El poso de mi corazón era profundo. Me preguntaba cómo era posible que él pudiera comenzar a llenarlo siquiera.

Lo que Sam no sabía era que Jesús quería satisfacer una sed más profunda en su corazón que él mismo había creado. Lo único que él necesitaba para sacar era su Espíritu pues este la acercaría a él. Y en cuanto a la profundidad del pozo, era en el corazón de ella donde él estaba mirando y ella era la única que podía impedirle que él llegara a las partes que más le necesitaban.

Jesús ayudó a Sam a ver que no había persona ni posición, como ser la esposa de alguien, que pudiera llenar los vacíos de su corazón. Tal y como ha hecho conmigo y como quiere hacerlo contigo, él le mostró a Sam *qué* era lo que ella estaba a buscando y *dónde* podía encontrarlo. Sam estaba buscando un amor que no fallara, incluso cuando ella lo hiciera, y ese día lo encontró en Cristo.

¿Sabías que la frase amor inagotable se menciona en 121 oportunidades en la Biblia (NTV) y ni una sola vez se le atribuye a una persona? Solo se le atribuye a Dios.

Dios puso un anhelo de amor inagotable en nuestros corazones porque sabía que eso nos llevaría a él. Solo el amor inagotable de Dios llenará y satisfará los deseos de nuestros corazones. Es la sed más profunda de nuestras almas. Hasta que el amor de Dios sea suficiente, nada más lo será.

Esta sed profunda la vemos incluso en el rey David, quien lo tenía todo. Tenía el puesto más alto, posesiones ilimitadas y gran poder, sin embargo, nada de eso era suficiente. Él se describió a sí mismo como alguien seco y sediento de Dios:

Dios, Dios mío eres tú;
De madrugada te buscaré;
Mi alma tiene sed de ti, mi carne te anhela,
En tierra seca y árida donde no hay aguas. (Salmo 63:1)

Luego David describe lo que experimentó cuando bebió profundamente del amor de Dios:

Para ver tu poder y tu gloria,
Así como te he mirado en el santuario.
Porque mejor es tu misericordia que la vida;

Mis labios te alabarán.
Así te bendeciré en mi vida;
En tu nombre alzaré mis manos. (vv. 2–4)

Adorar en espíritu y verdad

¿Cómo llegamos al punto en que el amor de Dios puede ser nuestro "suficiente"? Vamos a retomar la historia de Sam donde nos quedamos. Cuando Jesús le dijo a Sam que fuera y buscara a su esposo, ella cambió el tema y le preguntó que dónde debía adorar. Ya hablamos de cómo quizá ella estaba distanciándose, desviando la atención de él o escondiéndose tras la religión.

Pero tal vez ella había sentido ese vacío doloroso que todos conocemos cuando algo o alguien nos falla, el vacío que no pueden llenar la comida, la familia, las compras, los amigos, el sexo, el alcohol, la televisión, las novelas románticas ni ninguna otra cosa. ¿Cuántas veces hemos ido a la iglesia con la esperanza de tener una experiencia emocional que nos llene o nos arregle? Tal vez Sam pensó que si iba al lugar adecuado a adorar encontraría esa sensación que estaba a buscando.

Veamos qué dijo Jesús cuando Sam le preguntó dónde debía adorar:

"Mujer, créeme, que la hora viene cuando ni en este monte ni en Jerusalén adoraréis al Padre. Vosotros adoráis lo que no sabéis; nosotros adoramos lo que sabemos; porque la salvación viene de los judíos. Mas la hora viene, y ahora es, cuando los verdaderos adoradores adorarán al Padre en espíritu y en verdad; porque también el Padre tales adoradores busca que le adoren. Dios es Espíritu; y los que le adoran, en espíritu y en verdad es necesario que adoren. Le dijo la mujer: Sé que ha de venir el Mesías, llamado el Cristo; cuando él venga nos declarará todas las cosas. Jesús le dijo: Yo soy, el que habla contigo." (Juan 4:21–26)

Jesús ayudó a Sam a ver que no importaba dónde adorara sino a *quién* y *qué adoraba*. La palabra *adoración* significa sentir "reverencia o respeto fervoroso" por una persona o cosa.[1] Jesús explicó que Dios estaba buscando adoradores que lo adoraran en Espíritu y verdad, y luego le dio la oportunidad a Sam de hacerlo.

Jesús la invitó a adorarlo en espíritu al ofrecerle el verter el agua viva de su Espíritu en el pozo de su corazón, y así llenar los vacíos de su alma. Además la llevó a adorarlo en verdad al hacerle reconocer que ella había puesto a otras personas en un lugar de prominencia que solo le correspondía a él. Es por eso que él le pidió que fuera y buscara a su esposo. Cuando ella le dijo que no tenía, observa cómo él sencillamente respondió: "Bien has dicho" (Juan 4:16–18).

Yo creo que Jesús quería ayudarla a ver la verdad: ella había estado adorando algo físico y falso. Quizá ella había estado buscando que sus esposos, y el hombre con que ahora vivía, la llenaran y satisficieran, creyendo que su valor lo determinaba la aceptación y aprobación de ellos.

Al ser honesta en cuanto a su vida y las mentiras que creía, ella podía comenzar a correr hacia la verdad. Podía llevarle a él la sed de su corazón. Solo entonces ella encontraría confianza en el poder su amor y comenzaría a vivir en la seguridad de sus promesas.

Jesús quiere ayudarnos a ser honestas con Dios y con nosotras mismas en cuando a qué y quién estamos adorando. Cuando adoramos a alguien o algo, les damos gran valor en nuestras vidas y a menudo encontramos nuestro valor en ellos. Además ponemos nuestro enfoque en ellos y con el tiempo se convierten en aquellos que buscamos para que nos llene.

Por ejemplo, si nos enfocamos en nuestro trabajo (o nuestro matrimonio) constantemente, pensando cómo nos va en el trabajo (o en la casa) y lo que nuestro jefe (o nuestro esposo) piensa de nosotros, comenzamos a encontrar nuestro valor en nuestro desempeño, y nuestro trabajo (o matrimonio) puede convertirse en algo que adoramos. Si nos va bien, nos sentimos satisfechas. Si no nos va bien, nos sentimos vacías y como que valemos menos.

Llenar los vacíos de nuestro corazón

Nuestros corazones gotean y siempre acabarán vacíos cuando encontramos nuestro valor en cualquier cosa que no sea quiénes somos en Cristo. Nuestro valor no se mide por lo que otros piensan de nosotros, pero sin dudas vivimos como si fuera así, ¿no es cierto? Es como si cada mañana nos levantáramos con un cántaro vacío, como Sam, y camináramos de un lado a otro con él, ofreciéndoselo a personas o cosas con la esperanza de que nos llenen. Buscamos que nuestras relaciones y nuestro estatus nos definan.

Desde niñas acudimos a la gente: padres, amigos, maestros, jefes, novios, líderes de ministerio o quien sea que nos parezca que está en un puesto de importancia. Anhelamos su aprobación porque nos da un sentido de significado pero luego nos sentimos como que solo valemos según nuestro último logro.

A medida que vamos creciendo, buscamos un hombre que nos dé un sentido de belleza y pertenencia, un sentido de ser escogidas y queridas. Lo ponemos en un lugar de prominencia con la esperanza de que sea él quien pueda satisfacer la sed de amor inagotable que tiene nuestro corazón.

Cuando la gente no funciona, buscamos en las muchas posesiones que el mundo nos dice que necesitamos, como autos nuevos, casas más grandes y ropas de moda. Por fin tenemos un auto nuevo y estamos muy contentas. Unos meses después alguien le da un golpe al auto en el estacionamiento, un niño derrama jugo de manzana en el asiento y las migajas de galletas ahora están aplastadas en la alfombra junto a la mancha de café que hace semanas tenemos la intención de limpiar.

Así que nos vamos al centro comercïal para buscar una ropa nueva y nos hace sentir tan bien. Luego vamos a una reunión y alguien lleva esa misma ropa. De pronto nuestra ropa es vieja y ya no nos hace sentir especiales. Tal vez si pudiéramos tener una casa nueva, una casa más grande, o algunos muebles nuevos...entonces nos sentiríamos mejor, ¿verdad?

Pero eso no es todo, competimos por puestos y ponemos la esperanza en el reconocimiento. Anhelamos que nos reconozcan. Queremos que se fijen en nosotros. Ya sea un llamamiento en el ministerio o una oficina importante en el trabajo, una placa en la pared, un título en la puerta, una promoción o incluso educación, trabajamos duro para llegar a lugares superiores...y luego nos preguntamos por qué nunca son suficientes.

Nuestros horarios están llenos, nuestras mentes están llenas, nuestros estómagos están llenos, nuestros refrigeradores están llenos, nuestros closets están llenos, nuestras vidas están llenas. Sin embargo, tenemos tantos lugares vacíos.

¿Por qué? Porque los pozos de nuestros corazones fueron creados para que solo Dios los pueda llenar. La sed más profunda de nuestra alma solo é la puede saciar. Aunque las personas y cosas que he mencionado son regalos, en tantas ocasiones acudimos a los regalos en lugar de al Dador para que nos llenen y nos satisfagan con seguridad duradera y significado.

Entonces, ¿qué hacemos cuando nuestros corazones empiezan a dar vueltas de un lado a otro con el vacío y la incertidumbre? Necesitamos detenernos y pedirle a Jesús que nos ayude a ver el valor que estamos dando a otras cosas y el valor que estamos buscando en otras personas. Algo que me ha ayudado es escribir declaraciones del tipo cuando...entonces. Por ejemplo:

Cuando empiezo a medir mi valor según cuán bien me va como _____ (mamá, esposa, amiga, etc.), *entonces* le agradeceré a Dios por el regalo de mis roles y por el regalo de su amor incondicional que determina mi valor.

Cuando me siento insegura en cuanto a mi posición en el trabajo, la iglesia o en algún otro lugar, *entonces* le daré gracias a Dios por la posición alta o baja que tengo en la tierra y por mi posición en Cristo que asegura mi significado para siempre.

Cuando siento un vacío doloroso que me veo tentada a llenar con comida, televisión o cualquier cosa que no sea Dios, *entonces* le daré gracias a Dios por ser la fuerza de mi corazón y mi porción para siempre, y recuerdo que es él quien satisface el hambre y la sed de mi alma.

Al reconocer y reemplazar nuestro vacío con la plenitud de las promesas de Dios, bebemos el regalo del agua viva. Reconocemos nuestra necesidad lo que le permite a él verter su verdad en el pozo de nuestros corazones. He incluido treinta y una promesas en el capítulo 12 para animarte y ayudarte a escribir tus propias declaraciones de *cuando...entonces..*

Amigo, no hacemos nada de esto porque Dios lo necesite. Lo hacemos porque nuestros corazones fueron hechos para adorar y encontramos nuestro valor solo en él. La adoración nos ayuda a reconocer a Dios por quién es a medida que le atribuimos gran valor. Al cambiar nuestro enfoque a Dios el Dador, entonces podemos comenzar a acudir a él en busca de nuestra identidad y propósito. Al adorarlo por quién es recordamos cuán valiosas somos *en él* y *para él*.

Salvas y satisfechas

Jesús vino para darnos más que salvación. Él quiere que experimentemos satisfacción en él. Como nos muestra el rey David, solo podemos encontrar satisfacción duradera cuando bebemos continuamente de la fuente del amor incondicional de Dios, pidiéndole a Dios como lo hizo él:

"De mañana sácianos de tu misericordia, Y cantaremos y nos alegraremos todos nuestros días" (Salmo 90:14).

Tantas mujeres me han dicho: "Sé que soy salva pero no estoy satisfecha". Saben que Jesús prometió una vida abundante pero no hay nada abundante en sus vidas excepto ocupación, obligaciones y cansancio. Es tan fácil regresar a la manera de pensar de este mundo y a nuestra antigua manera de vivir. Dejamos que esos patrones dirijan nuestras vidas en lugar de buscar dirección y satisfacción en Cristo. Puede suceder en un período de meses, pero a veces puede suceder en un período de minutos. Perdemos de vista a Jesús como nuestra confianza y realización, y empezamos a acudir a otras personas y cosas para que nos llenen. La salvación es una decisión única pero encontrar satisfacción en Cristo y vivir en la seguridad de sus promesas es un proceso cotidiano.

Jesús quiere que lo invitemos a mirar en el pozo de nuestros corazones cada día y mostrarnos qué, quién y dónde estamos buscando para estar llenas y satisfechas. En cambio, al dejar que Jesús nos llene y nos satisfaga, el Espíritu Santo seca nuestra sed espiritual. Encontramos la satisfacción de nuestra alma en él y empezamos a vivir con un sentido de contentamiento y confianza que se basa en la promesa invariable de quiénes somos y lo que tenemos en Cristo.

Nos volvemos seguras al conocer y depender de su amor más y más. Es una experiencia de momento a momento, día tras día donde procesamos nuestros pensamientos, emociones y decisiones con Dios y situamos nuestros corazones para dejar que su perspectiva redefina la nuestra.

En el capítulo 4 vamos a ver lo que sucede cuando vivimos una vida completamente rendida a Cristo. Terminaremos nuestro recorrido con Sam al descubrir cómo Jesús le dio esperanza para el futuro a pesar de su pasado. Ella bebió intensamente de su amor aquel día. Aunque había fallado, el amor de él nunca le falló. Mediante sus acciones y palabras, Jesús le dijo que ella era escogida, valiosa, amada, perdonada y libre.

Lo mismo se cumple contigo y conmigo. Fuimos hechas para un amor que no se mide según nuestro último logro sino que está marcado por la gracia inmensurable de Dios. Un corazón confiado se encuentra en una mujer que sabe, sin ninguna sombra de duda, que es amada sea lo que sea. La seguridad duradera llega cuando le llevamos a Jesús el pozo vacío de nuestros corazones y le pedimos que lo llene y que nos satisfaga con la seguridad de su amor inagotable.

Orar las promesas de Dios

Señor, oro para que me guíes en tu verdad y me enseñes, porque tú eres mi Dios y Salvador. Quiero aprender a poner mi esperanza en ti todo el día, cada día. Por favor ayúdame a dejar de buscar satisfacción en cualquier cosa o persona que no seas tú. Mi alma tiene sed de ti; mi carne te anhela, en tierra seca y árida donde no hay aguas. Lléname cada mañana con tu amor inagotable para cantar y alegrarme todos los días de mi vida. Quiero estar arraigada y cimentada en tu amor. Quiero tener poder, junto con todos los santos, para comprender la anchura, la longitud, la profundidad y la altura del amor de Cristo. Quiero conocer este amor que sobrepasa todo entendimiento para estar llena de la medida de la plenitud de Dios. Gracias por tu amor que nunca falla, incluso cuando yo fallo. Gracias porque tu amor es mejor que la vida, mis labios te alabarán mientras viva. En tu nombre alzo mis manos, amén.

Ver Salmos 25:5; 90:14; 63:1; Efesios 3:17–19; Salmo 63:2–4.

Preguntas para reflexionar y debatir

1. ¿Qué es lo más loco que has hecho por amor?
2. Piensa en tu deseo de encontrar una relación, un trabajo, un llamamiento o alguna otra cosa que satisficiera los deseos de tu corazón. Como Sam y yo, ¿alguna vez has buscado que alguien o algo te llene o satisfaga? Describe cómo eso pudiera haber moldeado el patrón de tus pensamientos, decisiones y búsquedas.

3. ¿Están llenos tu closet, tu horario, tu mente y tu vida? ¿Y tu corazón? ¿Hay lugares vacíos que necesitas y quieres confiar en que Dios los llene? Si es así, menciónalos.

4. "Cuando adoramos a alguien o algo, les damos gran valor en nuestras vidas y a menudo encontramos nuestro valor en ellos" (pág. 54). ¿Dónde te sientes más tentada a encontrar tu valor? ¿En qué aspecto es más difícil dejar que Dios te defina, y no los estándares del mundo (es decir, profesión, éxito financiero, maternidad, matrimonio, ministerio)?

5. Lee Proverbios 19:22; Salmo 63:2–4; y Salmo 90:14. ¿Qué te dicen estos versículos sobre el amor inagotable de Dios? ¿Alguna vez te has preguntado cómo pudiera ser suficiente el amor de Dios?

6. ¿Cuál es la diferencia entre salvación y satisfacción en Cristo?

7. "Fuimos hechas para un amor que no se mide según nuestro último logro sino que está marcado por la gracia inmensurable de Dios" (página 62). Escribe unas pocas declaraciones del tipo cuando…entonces para aspectos de tu vida donde puedes aplicar esta verdad. Por ejemplo: *Cuando* me vea tentada a medir mi valor según cuán bien me va como _____ (mamá, esposa, amiga, etc.), me detendré. *Entonces* le agradeceré a Dios por su gracia inmensurable que llena mis vacíos y determina mi valor, que no se mide por mis logros sino por su amor por mí.

4

Dios promete esperanza para mi futuro a pesar del dolor de mi pasado

Dios hace que todas las cosas obren para bien.

Fuiste creada con un propósito.

Dios tiene un plan para tu vida.

Qué evocan esas promesas en tu corazón? ¿Crees que son verdad o a veces dudas de ellas? Yo he dudado y he creído. Es fácil creer las promesas de Dios cuando no has tenido mucho dolor en tu vida. Sin embargo, muy pocas hemos llegado hasta aquí sin experimentar golpes y heridas en el camino. Muchas hemos caído al suelo y nos hemos preguntado si alguna vemos tendremos el valor de levantarnos otra vez.

Sin embargo, a menudo es al levantarnos donde encontramos nuestra fuerza. Recuerdo que una amiga me dijo que Dios quería sanar el dolor de mi pasado y usar lo que yo había experimentado para preparar el terreno para sus planes con respecto a mi futuro. Honestamente, no quería que Dios usara mi dolor ni mi pasado para nada. Dudaba que algo de eso pudiera hacerme sentir mejor o más fuerte, ni hacerle ningún bien a nadie, sobre todo a mí.

No hacía mucho tiempo que era cristiana pero parecía que la "etapa de luna miel" se estaba acabando. Luchaba con algunas cosas dolorosas de mi pasado que me hacían dudar del amor y los planes de Dios. No podía entenderlo: si Dios me amaba tanto, ¿por qué permitía que sucedieran estas coas? Si me amaba, ¿por qué dejó que yo creciera con tanta tristeza?

¿Por qué permitiría Dios que mi familia se destruyera con los efectos duraderos del divorcio, destrozada por la confusión y el caos, sacudida por el alcohol y las adicciones a la droga, y tantas otras cosas? ¿Y por qué no me impedía infligirme dolor a mí misma o me rescataba de la oscuridad de la depresión? El peso de todo era demasiado para mi corazón. Yo me preguntaba: *Si el amor de Dios no falla, ¿entonces por qué siento como si él me hubiera fallado?*

¿Alguna vez te has preguntado: "Si Dios me ama, ¿por qué...?" Ese es el tipo de pregunta que se queda en nuestro corazón cuando hemos sido heridas o decepcionadas. Cuando nuestras preguntas nos hacen dudar del corazón de Dios, nuestro dolor puede llevar a la amargura y la esclavitud. Sin embargo, en la seguridad de nuestra relación con Cristo, Dios quiere hagamos preguntas difíciles y que busquemos respuestas que nos lleven a las profundidades de su amor redentor. Él quiere que vivamos en la promesa de que ofrece esperanza para nuestro futuro a pesar del dolor de nuestro pasado. Él sabe que nuestro pasado y nuestro dolor en realidad pueden llevarnos a sus planes y esperanza para nuestro futuro.

Un día estaba conversando con mi amiga Wanda sentadas en la playa. Ella era alguien con quien me sentía segura para ser real, así que le conté todas mis heridas, desilusiones y dudas sobre Dios. Ella no me dio una respuesta fácil. Sencillamente me miró con ojos comprensivos y me dijo que lo sentía. Entonces me contó su historia, que incluía muchas desilusiones y dolores en el corazón. Yo no sentía duda ni dolor en sus palabras. En cambio sentía confianza y esperanza. Se refirió a

Dios como "el Dios de toda consolación, el cual nos consuela en todas nuestras tribulaciones, para que podamos también nosotros consolar a los que están en cualquier tribulación, por medio de la consolación con que nosotros somos consolados por Dios" (2 Corintios 1:3–4).

Wanda me dijo que Dios quería sanar mis heridas y que con el tiempo usaría mi dolor para consolar a otros con la misma esperanza que él quería darme a mí. Me daba cuenta de que ella hablaba por experiencia. El amor redentor de Dios era la fuente de su gozo. Ella le había permitido tomar su dolor y darle propósito a su vida.

Wanda pasó las páginas de su Biblia a Jeremías 29 y me habló de una promesa que Dios le había dado para que la reclamara: "Porque yo sé muy bien los planes que tengo para ustedes —afirma el Señor—, planes de bienestar y no de calamidad, a fin de darles un futuro y una esperanza" (Jeremías 29:11, NVI). Me reanimé al escucha por primera vez que Dios conoce los planes que tiene para mí y que son planes para darme un futuro lleno de esperanza, no de dolor.

Esperaba que esto significara que podía enterrar la tristeza, los remordimientos y la desilusión de mi pasado y contar con un futuro más feliz. Saboreé las palabras de esta promesa me imaginé cómo serían los planes de Dios para mi vida. Wanda me animó a leer la Biblia y pedirle a Dios que me diera un versículo para reclamarlo como una promesa para mi vida, uno que saltara de la página a mi corazón cuando lo leyera. Entonces me dejó sola en la playa para que hiciera justamente eso.

El libro de Isaías era mi libro favorito de la Biblia en aquel momento, creo que porque a través de Isaías Dios decía mucho de lo que yo necesitaba escuchar, cosas como "no temas", "Yo estoy contigo", y "te amo". Hasta ese momento solo había leído hasta Isaías 43. En esa ocasión empecé a partir de ahí hasta que llegué al capítulo 61. Leía despacio mientras me identificaba con varias de las palabras del primer versículo:

El Espíritu de Jehová el Señor está sobre mí, porque me ungió Jehová; me ha enviado a predicar buenas nuevas a los abatidos, a vendar a los quebrantados de corazón, a publicar libertad a los cautivos, y a los presos apertura de la cárcel. (Isaías 61:1)

Abatida. Quebrantada de corazón. Cautiva. Presa. Esas palabras describían cómo me había sentido durante tanto tiempo. Había estado abatida. Cautiva del miedo. Había sido prisionera en la oscuridad de la depresión. Estas palabras eran tan personales que me preguntaba si Dios las había escrito solo para mí. Seguí absorbiéndolas:

... a proclamar el año de la buena voluntad de Jehová, y el día de venganza del Dios nuestro; a consolar a todos los enlutados. (v. 2)

Me encantaba la idea de tener el favor de Dios, y "el día de venganza" también me hizo sonreír. Supuse que Dios quiso decir que se desquitaría con cualquiera que me hubiera herido de manera intencional. Creo que uno pudiera decir que todavía tenía problemas con el perdón. Entonces leí: "consolar a todos los enlutados" y suspiré profundamente. Había estada enlutada por la pérdida de tantas cosas, sobre todo los sueños de un "felices para siempre" que no se había hecho realidad. Seguí leyendo:

... a ordenar que a los afligidos de Sion se les dé gloria en lugar de ceniza, óleo de gozo en lugar de luto, manto de alegría en lugar del espíritu angustiado; y serán llamados árboles de justicia, plantío de Jehová, para gloria suya. (v. 3)

Me imaginaba vistiendo un "manto de alegría en lugar del espíritu angustiado". La idea de ser llamada un árbol de justicia me hacía sentir fuerte por dentro. Siempre me había sentido como un pino, sacudido por los vientos de mis emociones, definido por mis circunstancias y desarraigado por las tormentas de la vida. Un roble representaba fortaleza y valor, justo lo que yo anhelaba. Mi corazón se llenó de esperanza, así que volví a leer los versículos. Supongo que solo había leído ligeramente la oración inicial la primera vez porque cuando la leí por segunda vez me sentí confundida. La parte de predicar las buenas nuevas a los abatidos me preocupaba especialmente. De inmediato inserté signos de interrogación. *¿El Espíritu del Señor sobre mí? ¿Porque el Señor me ha ungido? ¿A predicar buenas nuevas a los abatidos?*

Huir de mi dolor

No tenía ningún sentido. Entonces recordé que Wanda me había dicho que Dios quería sanar el dolor de mi pasado y consolar el abatimiento de mi corazón para que yo pudiera compartir su esperanza con otros.

Cerré muy bien los ojos y comencé a orar, le pedía a Dios que me mostrar por qué me había llevado a esos versículos. Me quedé allí sentada, esperando, y me pasó algo súper raro que nunca había experimentado: vi una imagen en la pantalla de mi mente, como si fuera un video. En esa película mental me vía contando mi historia a otras mujeres, y casi me muero del susto.

Abrí los ojos y cerré la Biblia de golpe. Entonces comencé a hacer un trato con Dios. Le dije algo así: "Señor, yo haré cualquier cosa por ti. Dirigiré estudios bíblicos. Diezmaré más del 10 por ciento. Hablaré del evangelio con desconocidos. Me mudaré a África. Estoy dispuesta comer arroz y frijoles durante mucho tiempo, pero por favor, por favor no me hagas contar mi historia".

La idea de contar mi historia me provocaba náuseas. Verás, durante veinte años yo había vivido detrás de una máscara. Era buena en aparentar que todo estaba bien y me gustaba así. No quería que nadie supiera del dolor de mi pasado. No quería hablar al respecto ni lidiar con é. Todavía me avergonzaba y quería que se fuera.

Era evidente que había cosas con las que tenía que tratar pero temía derrumbarme o recaer en la depresión si hablaba con Dios o con otros sobre mi abatimiento. Pensaba que las personas sentirían lástima de mí o me despreciarían. Quería que Dios escribiera una historia nueva, una historia de la que me sintiera orgullosa al contársela a otros.

En lugar de estudiar Isaías 61:1-3 y pedirle a Dios que sanara mi corazón roto, me liberara de la cautividad del temor y me ayudara a comprender qué me había llevado a la oscuridad de mi depresión, ignoré esos versículos. Quería dejar mi pasado en el pasado, así que decidí enfocarme más bien en la promesa de Jeremías 29:11 que me gustaba mucho más.

Durante los próximos diez años continué mi vida, buscando los planes de bien y no de mal que Dios tenía para mí, para darme un futuro y esperanza. Le serví con toda mi alma y corazón, me esforcé todo lo que pude para darle material para la historia de una buena chica cristiana. Me hizo miembro de una iglesia, enseñaba estudios bíblicos, dirigí campañas de evangelismo puerta a puerta en instalaciones universitarias y serví como voluntaria en mi iglesia. Hasta recaudé fondos para ser parte del personal a medio tiempo de un ministerio cristiano con sede en universidades mientras trabajaba en mi profesión secular a tiempo completo.

Y todo el tiempo huía. Huía de mi pasado y de mi dolor. Con el tiempo descubriría que también estaba huyendo de la obra sanadora que Dios quería hacer en mi corazón.

Correr hacia los planes de Dios

A diferencia de lo que yo hacía, en lugar de huir, la mujer samaritana corrió a la gente de la que había estado huyendo:

Entonces la mujer dejó su cántaro, y fue a la ciudad, y dijo a los hombres:

Venid, ved a un hombre que me ha dicho todo cuanto he hecho. ¿No será éste el Cristo? Entonces salieron de la ciudad, y vinieron a él. (Juan 4:28–30)

Sam había caminado al pozo sola ese día, llevando el peso de su dolor y un cántaro para llenarlo de agua. Después de encontrarse con Jesús, dejó el cántaro que había llevado al pozo así como la vergüenza que vestía, y junto con eso todo el rechazo y los remordimientos que la ataban a su pasado. Regresó corriendo a la gente de la que había estado huyendo. ¿Cómo podía ser tan diferente, tan confiada, tan libre? Algo había cambiado.

Por primera vez Sam se dio cuenta de que su Mesías la conocía: todo lo que había hecho y todo lo que le habían hecho a ello. Él conocía sus fracasos y su vergüenza, y la amaba por completo. Él había escogido venir a ella, justamente a ella. Cuando él habló verdad a los lugares más heridos de su corazón, derramó sobre estos su poder sanador. Y ella lo recibió. Su amor se coló en su dolor y la liberó de su pasado. Entonces ella supo que no tenía que esconderse ni seguir huyendo de este.

Las heridas que nos roban la esperanza

¿Hay dolor de tu ayer o desilusiones en tu presente que han hecho que pierdas tu confianza y esperanza? Cuando te han herido, el riesgo de que vuelvan a herir parece más costoso y tal vez más probable, ¿verdad? Las cosas que nos hieren son tan variadas como las mentiras que creemos a causa de estas:

- Como mi amiga que fue abusada sexualmente por un vecino cuando tenía ocho años. La vergüenza la convención de que siempre estaría sucia y no valdría nada.
- Como mi amiga que fue violada a punta de cuchillo por un extraño enmascarado, la semana en que se graduaba

de la universidad. El temor la mantuvo en una prisión personal durante años diciéndole que nunca sería libre.

- Como la familia de la que provengo, que quedó devastada por la destrucción de la adicción. La codependencia nos decía que las cosas solo mejorarían si nos esforzábamos más.
- Como mi amiga que se casó y divorció varias veces. La condenación la convenció que nunca sería lo suficientemente buena para un hombre de Dios.
- Como una mujer que conozco cuya madre la ofendía y criticaba todo lo que hacía. La humillación la tenía prisionera y la convencía de que siempre sería inútil.
- Como mi amiga que tuvo un aborto cuando era una adolescente. El dolor paralizante y la desgracia la convencieron de que Dios nunca podría usarla en el ministerio.
- Como yo, que regalé mi virginidad a los 16 años aunque había prometido esperar hasta estar casada. El dolor me convención de que había perdido una parte de mi alma que nunca podría recuperar.
- Como mi amiga cuyo hijo está en la cárcel, esperando el juicio por delincuente sexual. La culpa falsa la mantiene despierta en las noches y le dice constantemente que debe haber hecho algo mal como madre.
- Como una mujer que conocía hace poco que se negó a hacerse una prueba de drogas y perdió el trabajo. El alcoholismo la convenció de vivir en secreto. Ahora siente que su vida está arruinada.
- Como tú…

Me pregunto dónde hasta esto y qué has pasado. ¿Hay cosas que has hecho o que te han hecho que tan dejado sin esperanza? El dolor de nuestro pasado hace que sea difícil cree la promesa de Dios de esperanza para el futuro. Es fácil perder la confianza en él y en nosotras mismas. Mi oración por ti ahora mismo es que Dios abra los ojos de tu corazón "para que conozcas las esperanza a la que te ha llamado...y la grandeza de su poder para con nosotros los que creemos" (ver Efesios 1:18–19).

Ya llega la esperanza

La esperanza llega cuando permitimos a Jesús escudriñar nuestros corazones y llevar verdad a nuestras heridas, como hizo Sam. Él quiere que "[creamos] en él, para que [rebosemos] de esperanza por el poder del Espíritu Santo" (Romanos 15:13). Cuando dejamos que Jesús derrame su poder sanador en nuestras vidas, su amor fluye a nuestro dolor y limpia las heridas de nuestro pasado. Al llegar a conocer a Dios y depender completamente de su amor por nosotros, impedimos que el pasado determine nuestro futuro.

Me tomó un tiempo llegar a ese punto. Mi esposo y yo llevábamos varios años de casados cuando empezamos a experimentar una tensión muy seria. Me enojaba fácilmente pero no sabía por qué. Al ver que necesitábamos ayudaba, fuimos a una conferencia donde Gary Smalley habló de la ira no resuelta que a veces llevamos al matrimonio. Esa noche me di cuenta de que mi ira de adulta parecía brotar de mis años de desilusión cuando era niña porque nunca obtuve el "fueron felices para siempre" que quería. Mi esperanza se había aplazado y mi corazón se enfermó.

Cuando estaba en la escuela primaria solía hacer ramos de azaleas y caminaba por la entrada de la casa de mi papá que era larga y estaba bordeada de árboles de magnolia, me imaginaba que un príncipe me esperaba en el portal. Esos eran sueños de niña que creía haber dejado atrás pero Dios me mostró que de cierto modo todavía exigía que se hicieran realidad. Mis sueños rotos se habían convertido en amargas expectativas; quería que mi esposo compensara todo lo que mi papá nunca había sido como padre o como esposo para mi mamá.

Yo estaba determinada y decidida a asegurar mi futuro al crear mi propia versión de un "felices para siempre". Cuando no resultó tan feliz, me sentía enojada y asustada. Mis expectativas irrealistas brotaron como palabras críticas hacia mi esposo que le decían cómo ser el esposo y papá que yo quería que él fuera. Pensaba que si JJ podía ser esas cosas, mis sueños rotos se compondrían otra vez. Mi esposo proporcionaría seguridad y abrigo al corazón de niña que todavía estaba hecho pedazos dentro de mi cuerpo adulto. Entonces yo tendría esperanza para mi futuro y me convertiría en la mujer confiada y en la esposa que quería ser.

Dios me mostró que necesitaba perdonar a mi padre y soltar mis sentimientos de amargura, abandono, desilusión, y dolor. También necesitaba confesar el pecado de mis expectativas irrealistas y soltar lo que yo pensaba que era mi derecho a "vivieron felices para siempre". Dios también me mostró que yo necesitaba encontrar mi seguridad y esperanza solo en él al dejarle ser el Padre que yo anhelaba. Necesitaba llorar por algunas de las cosas que quería y que nunca tendría. También necesitaba invitar a Dios a ese lugar de dolor para que él pudiera remendar mi corazón roto y liberarme de la cautividad del temor de que nunca tendría un final feliz.

Dejar que Dios escriba nuestras historias

Al aflojar todo lo que había estado aguantando, Dios comenzó a sanar mi corazón y mi matrimonio. El trabajo que él hizo en mi matrimonio fue el comienzo de una obra mayor que estaba haciendo en mi vida. Durante un período de 18 meses él me llevó por una etapa de mirar atrás para poder seguir adelante. Dios usó ese tiempo para reedificar mis ruinas antiguas y restaurar los escombros de mi corazón (ver Isaías 61:4).

Durante ese tiempo fui a un retiro de mujeres en el que la oradora contó su historia de haberse rendido por completo al llamado de Dios y cómo eso llevó a sanidad y esperanza en su vida. Como cosa de Dios, ella habló de los versículos que yo había prometido ignorar: Isaías 61:1–3. Traté de acallar los recuerdos que su mensaje evocaba, pero no podía. Pensé en el día, hacía diez años, cuando me senté en la playa y leí esos versículos por primera vez. Lloré al darme cuenta de que Dios había estado esperando todo este tiempo para que yo fuera a él en busca de esperanza y sanidad. Esa noche entregué todo y le dije a Dios que estaría dispuesta a contar el dolor de mi pasado si eso significaba que otras podrían encontrar sanidad y esperanza mediante mi historia.

Después, mientras me preparaba para dormir, sentí que Dios me indicaba que le contara a mi compañera de cuarto lo que había pasado. Lisa era una amiga del estudio bíblico pero no alguien que yo conociera muy bien. No estaba segura de qué pensaría pero le conté mi historia, sobre todo mi lucha con la depresión y cómo había llegado a conocer a Cristo.

Ella escuchó con lágrimas en los ojos. Entonces Lisa me contó que ella también había batallado con la depresión en la secundaria pero nunca le contó a nadie porque le daba mucha vergüenza. Nos sentamos en el borde de nuestras camas y oramos para que Dios nos diera a ambas el valor para hablar de un capítulo de nuestras vidas que habías ocultado como un secreto vergonzoso, incluso si eso implicaba liberar a solo una persona.

Podemos confiar en los planes de Dios cuando comprendemos que su historia se escribe en la de nosotros. Su poder se perfecciona en los lugares quebrantados que consideramos nuestra mayor debilidad, nuestras emociones más vulnerables que no queremos que nadie conozca. En esos escondites Dios nos llama para que salgamos de la cautividad. Cuando estamos dispuestas a dejarle, él trae esperanza para nuestro futuro a pesar del dolor de nuestro pasado.

Me tomó muchísimo tiempo comprender y creer que Dios puede usar mis errores y heridas para su propósito si yo le permito que me cambie mediante estos. Yo quería que Dios quemara las páginas de mi historia anterior y que escribiera lo que yo pensaba que era una mejor historia que él pudiera contar. En cambio, él quería terminar lo que había empezado, terminar la obra que había empezado en mí con una narración que compondría mi corazón roto y liberaría a esta prisionera. ¿Qué historia quiere Dios escribir en tu vida? ¿Se lo permitirás?

La libertad del perdón

Durante mi etapa de mirar atrás para poder seguir adelante, Dios me mostró diversas esferas de mi vida que necesitaban restauración. Decidí escribir una cronología de mi vida y pedirle al Espíritu Santo, a quien Jesús se refiere como nuestro Consolador, que me ayudara a ver las heridas que yo había enterrado en mi pasado.

Con cada herida le pedí a Jesús que sanara el dolor y reclamé Isaías 51:3: "Ciertamente consolará Jehová a Sion; consolará todas [tus] soledades, y cambiará [tu] desierto en paraíso, y [tu] soledad en huerto de Jehová".

Con el tiempo comencé a soltar el dolor de mis remordimientos, vergüenza, temor y desilusiones. Aunque sabía que Dios quería que yo lidiara con mi pasado, también sabía que no quería que morara en el pasado. Una y otra vez susurraba a mi corazón: *Mira, Renee, ¡estoy haciendo algo nuevo! Ya está sucediendo, ¿no te das cuenta? Estoy abriendo un camino en el desierto y río en lugares desolados* (Isaías 43:18–19).

Llegó una dolorosa encrucijada a mi camino cuando tuve que decidir si asistiría al reencuentro de mi grupo de la universidad. Mientras estaba en el foso de la depresión durante la universidad, una antigua amiga me había herido profundamente, y ella estaría en la reunión. Yo nunca la había perdonado y temía que si la veía mis emociones heridas saldrían a la superficie.

Aunque quería quedarme en casa, sentía que Dios quería que fuera. Sentí que él quería que revisitara aquellos lugares físicos y emocionales donde siempre creí que había caminado sola. El Espíritu Santo me mostró que necesitaba reconstruir mis recuerdos al ver cómo Jesús había estado allí siempre, y luego reemplazar las mentiras que mis heridas me habían llevado a creer con nuevas verdades que él me estaba enseñando mediante la Escritura. Un día mientras luchaba con esta decisión, tuve una relación dura pero poderosa. Dios me mostró un pecado que yo no quería ver. El conflicto con mi vieja amiga había llevado a amargura en mi corazón y el Espíritu Santo me ayudó a ver que yo había jugado un papel en esto. Necesitaba perdonarla y pedirle que perdonara cualquier cosa que yo hubiera hecho que le había molestado tanto. ¡Ay! Era duro de aceptar pero yo quería libertad a cualquier precio.

Me rendí a lo que Dios me estaba mostrando y decidí ir a la reunión, pero todavía tenía miedo. Para prepararme pasé tiempo orando y leyendo mi Biblia, pidiéndole a Dios que me recordara su perspectiva y llenara mis inseguridades con su seguridad. Quería ir a la reunión como "una nueva criatura", no como la persona abatida que había sido hacía diez años.

Durante mi viaje de tres horas al Meredith College, escuché música de adoración y buenas enseñanzas bíblicas. Cuando llegué, estaba tan llena de la perspectiva de Dios y de sus promesas que literalmente quería encontrar a mi vieja amiga y buscar restauración en nuestra relación. Ya no era la misma persona que cuando recibí la invitación. La confianza llegó al cumplir con el mandato de Dios y ofrecer perdón.

Perdonar a los que nos han herido es difícil. A menudo nos da temor perdonar porque pudiera abrirnos a la herida otra vez. Dudamos pedirles perdón a otros porque pudieran pensar que nosotros somos los únicos que hicimos algo mal, y no creerán que tengan que cambiar. O nos da miedo que si sacamos algo a la luz de nuevo, vamos a desenterrar una amargura con la que no queremos tratar así que la dejamos enterrada. Pero cada vez que enterramos una herida que todavía está viva, esta sale de los muertos para perseguirnos.

En Efesios 4 la Biblia nos dice: "con toda humildad y mansedumbre, soportándoos con paciencia los unos a los otros en amor... perdonándoos unos a otros, como Dios también os perdonó a vosotros en Cristo" (vv. 2, 32). El perdón quedó demostrado en una cruz donde Jesús mostró su perfecto amor al morir por gente imperfecta. En el Calvario Jesús dejó su dolor y sufrimiento y escogió en cambio el amor y el perdón. Su perdón nos libera para perdonarnos a nosotros y a otros. Por supuesto, algunas cosas son mucho más difíciles y toma más tiempo perdonarlas que otras. Cuando realmente se me hace difícil perdonar o encontrar sanidad para una herida profunda, le pido a Jesús que cubra mis heridas con su sangre. Como nos dice la Escritura:

...en quien tenemos redención por su sangre, el perdón de pecados según las riquezas de su gracia, que hizo sobreabundar para con nosotros en toda sabiduría e inteligencia... Mas él herido fue por nuestras rebeliones, molido por nuestros pecados; el castigo de nuestra paz fue sobre él, y por su llaga fuimos nosotros curados. (Efesios 1:7–8; Isaías 53:5)

No puedes regresar y cambiar las circunstancias o las relaciones que te han herido, pero puedes regresar y procesar el dolor con Jesús. De hecho, no avanzarás con Dios hasta que lo hagas. Y si lo dejas sin resolver, el dolor del ayer puede impedirte tener una esperanza confiada para el mañana.

Pídele a Dios que te muestre los lugares destruidos de tu pasado que has traído a tu futuro. Haz una cronología de tu vida con los eventos clave y anota toda emoción y recuerdo doloroso. Entonces pídele al Espíritu Santo que te recuerde por lo que has pasado, lo que esos sucesos provocaron, cuánto te alejaron de Dios esas cosas y cómo te hirieron a ti y a otros.

Invita a Dios a entrar a esos recuerdos contigo. Date tiempo para sufrir tus pérdidas mientras le pides a Jesús que las sane con el poder de su Espíritu Santo mientras enfocas tus pensamientos en verdades transformadoras de su Palabra. Mientras él te muestra lo que está quebrantado, pídele que restaure cada herida con su toque sanador y que te libere de cualquier cautividad que te haya sujetado hasta ahora. Ora sus promesas. Llora si lo necesitas. Solo tómate el tiempo para sanar, amiga querida, de manera que puedas volver a encontrar esperanza.

De quebrantada a hermosa

La esperanza para el futuro llegará cuando le permitas a Jesús entrar a los lugares quebrantados de tu vida y hacer algo bello. Él quiere sanar tu corazón y tus heridas así como lo hizo con nuestra amiga Sam. ¿Te diste cuenta de que Sam no esperó por una historia nueva? Ella permitió que Jesús tomara su confusión y la convirtiera en Su mensaje. Ella estuvo dispuesta a convertirte en su mensajera.

Muchos de los samaritanos del pueblo creyeron en é por el testimonio de la mujer: "Y muchos de los samaritanos de aquella ciudad creyeron en él por la palabra de la mujer, que daba testimonio diciendo: Me dijo todo lo que he hecho. Entonces vinieron los samaritanos a él y le rogaron que se quedase con ellos; y se quedó allí dos días. Y creyeron muchos más por la palabra de él, y decían a la mujer: Ya no creemos solamente por tu dicho, porque nosotros mismos hemos oído, y sabemos que verdaderamente éste es el Salvador del mundo, el Cristo" (Juan 4:39–42)

Sam fue amada para que pudiera amar. Fue perdonada para que pudiera perdonar. Fue liberada para que pudiera llevar a otros cautivos a la libertad. Ella sabía que le pertenecía a él e invitó a otros al amor del Padre.

Había estado quebrantada pero ahora era hermosa, una ofrenda del perdón y la gracia de Dios. Y la gente de su pueblito quería lo que ella tenía así que la siguieron adonde Jesús. La mayoría de nosotros no experimentaremos una restauración completa ni esperanza tan rápido pero la historia de Sam sí nos da una imagen de lo que Dios quiere hacer en nuestras vidas.

Dios tiene un plan para tu vida

Si vives y respiras, Dios tiene un propósito para ti. Tu destino no se ha cumplido. No importa lo que hayas hecho o lo que te hayan hecho, ¡Dios tiene un plan para tu vida! Él quiere usar todo aquello a lo que te ha llevado para que salgas adelante. Ni una sola cosa en tu vida quedará desperdiciada. Dios usará tu pasado y presente para prepararte para el futuro.

Entonces, ¿cómo descubres los planes que Dios tiene para ti? Vamos a profundizar en eso en el capítulo 8 pero primero regresemos y leamos la *premisa* que sigue a la promesa que leemos en Jeremías 29. Después de que Dios declara que é sabe los planes que tiene para nosotros, planes de bien y no de mal para darnos un futuro lleno de esperanza, él dice: "Entonces me invocaréis, y vendréis y oraréis a mí, y yo os oiré; y me buscaréis y me hallaréis, porque me buscaréis de todo vuestro corazón" (Jeremías 29:12-13).

Los planes de Dios se encuentran cuando rendimos los nuestros y buscamos el de él cada día. Los planes de Dios se revelan cada vez que vamos a él, hablamos con él y realmente creemos que él nos está escuchando.

Aprender a vivir en la seguridad de las promesas de Dios es una trayectoria cotidiana de dependencia. Al procesar el dolor de nuestros ayeres, al aprender mediante las desilusiones del presente y enfrentar algunos de los temores de nuestro mañana, las dudas tratarán de colarse y de amenazar con robarnos la esperanza. Pero cada vez que eso suceda, podemos detenernos y buscar la perspectiva de Dios en esa situación.

Podemos pedirle que nos muestre su propósito al revelarnos lo que es verdad en cuanto a quiénes somos y lo que hemos pasado que nos hace comenzar a dudar de nosotras mismas. Podemos pedirle que nos ayude a redefinir nuestro futuro, no mediante el filtro de nuestro pasado y nuestro dolor, sino mediante el poder de sus promesas que cambian la vida. ¿Sabes lo que sucede cuando hacemos eso a cada momento, día tras día, y duda tras duda? Dios nos dice en Jeremías 29:14: "Y seré hallado por vosotros... y haré volver vuestra cautividad". Lo encontramos una y otra vez. Encontramos a Aquel que puede llevarnos a la libertad de la cautividad de nuestras dudas e inseguridades. Sé esto sin lugar a dudas porque he pasado por ahí, me he resistido, y por fin me he rendido. El amor de Dios no solo es perfecto e inagotable, sino que redime y restaura. ¡Su verdad llega al corazón de nuestras luchas y le da propósito a nuestro dolor, redención a nuestro pasado y esperanza a nuestro futuro!

Orar las promesas de Dios

Señor, tú conoces los planes que tienes para mí, planes de bien y no de mal; planes para darme esperanza y futuro. Clamo a ti y oro a ti, y tú prometes que me escucharás. Tú dices que te encontraré cuando te busque de todo corazón. Abre los ojos de mi corazón para poder conocer la esperanza a la que me has llamado y el poder incomparable que tienes para los que creemos. Reconstruye mis ruinas antiguas y restaura los lugares que hace mucho quedaron destruidos en mi corazón. Ayúdame a perdonar a los que me han herido así como en Cristo tú me perdonaste a mí. A pesar del dolor de mi pasado, tú ofreces esperanza para mi futuro y quieres hacer algo nuevo en mi vida al hacer un camino en el desierto y ríos en la soledad. Cuando mi alma esté abatida, recordaré esto y tendré esperanza. Por tu misericordia no he sido consumida porque tu misericordia nunca decae. Nueva es cada mañana, ¡grande es tu fidelidad! En el nombre de Jesús, amén.

Ver Jeremías 29:11–13; Efesios 1:18–19; Isaías 61:4; Efesios 4:2, 32; Isaías 43:18–19; Lamentaciones 3:20–23.

Preguntas para reflexionar y debatir

1. ¿Alguna vez el dolor de tu pasado ha hecho que te sea difícil creer las promesas de Dios y sus planes para tu futuro? ¿Qué crees tú que é quiere cambiar en tu perspectiva?

2. Puedes pensar en una ocasión en la que hayas preguntado: "Si Dios me ama, ¿entonces por qué...?" Si es así, ¿qué pasó que te llevó a hacer esa pregunta?

3. Lee 2 Corintios 1:3–4. ¿Cómo te ha consolado Dios en tus problemas para que puedas consolar a otros con la misma esperanza que él te ha dado a ti?

4. ¿Cómo las heridas del pasado te han quitado la esperanza y han afectado tus relaciones en la actualidad?

5. Lee Isaías 61:1–3. ¿Cuáles son algunas cosas que Dios promete en estos versículos que tú le está pidiendo que cumpla en tu vida?

6. Describe cómo la falta de perdón puede mantenerte presa e impedir que sigas adelante con esperanza. ¿Existe alguien a quien necesites perdonar o pedirle perdón?

7. ¿Alguna vez has huido de la historia que Dios ha escrito en tu vida? ¿Sientes que él te está invitando, como hizo con Sam, a compartir tus fragmentos de "quebrantada a hermosa" con alguien que necesite esperanza? ¿Lo hará?

5

Vivir más allá de la sombra
de mis dudas

"¿Por qué están asustados? —les preguntó—. ¿Por qué
tienen el corazón lleno de dudas?"

Lucas 24:38 NTV

Recuerdas el día en que estaba preparándome en el baño
y descubrí la sombra de mi duda? Quisiera poder decir
que enseguida que la descubrí, se fue. Pero la historia no
termina conmigo cerrando la maleta y manejando al aeropuerto mientras Dios me bombardeaba de confianza. Ese día
mientras me di la vuelta y me quedé parada frente al espejo
del baño, no solo me di cuenta de que ya no estaba parada en
la sombra, sino que comprendí que había creado la sombra al
bloquear la luz.

Las sombras se crean a nuestro alrededor cuando dejamos
que algo bloquee la luz. Así sucede con la sombra de la duda.

Del mismo modo, cuando nos enfocamos en nuestras inseguridades, lanzamos una sombra de duda a nuestras mentes al bloquear la luz de la verdad de Dios en nuestros corazones. No fuimos diseñadas para bloquear la luz ni para ser la luz. Fuimos creadas para vivir en la luz de tal modo que las historias de nuestra vida hablen de la luz y nuestra confianza en Cristo atraiga a otros a la luz. Me encanta cómo se describe a Juan el Bautista: "Este vino por testimonio, para que diese testimonio de la luz, a fin de que todos creyesen por él. No era él la luz, sino para que diese testimonio de la luz" (Juan 1:7–8).

Lo mismo sucede contigo y conmigo. Jesús dijo: "Otra vez Jesús les habló, diciendo: Yo soy la luz del mundo; el que me sigue, no andará en tinieblas, sino que tendrá la luz de la vida" (Juan 8:12). Cuando le seguimos, encontramos nuestra confianza en é y nuestras vidas se vuelven un mensaje acerca de él, aquel que vino para iluminar nuestra oscuridad con su amor redentor.

El día que descubrí la sombra de mi duda, yo no había estado siguiendo a Jesús, no de manera absoluta. Si me hubiera quedado cerca de él en mis pensamientos hubiera estado pensando en lo que las mujeres de la conferencia pensarían sobre él y no sobre mí. Hubiera estado hablando a Dios sobre la situación espiritual de ellas y preguntándole cómo quería él animarlas a través de mí.

Muchas veces nos encontramos en la sombra de las dudas porque la mayoría de nuestros pensamientos tiene que ver con nosotros mismos: cómo nos estamos desempeñando y lo que otros piensan de nosotros.

Piénsalo un momento. A medida que transcurría tu día hoy, ¿cuántas veces te preguntaste si estas a la altura de las expectativas de alguien? Tal vez te preguntaste si tus hijos pensaron que les prestaste atención suficiente o si tu gerente valoró la sugerencia que hiciste en la reunión. O quizá te preguntaste si a alguien le gustó la cena que cocinaste o si tan siquiera se percataron del trabajo de planearla y prepararla.

Cambiar mi enfoque

No es que estos pensamientos sean malos. Solo que cuando enfocamos la atención en nosotras mismas, quitamos la atención de Dios. No dejamos espacio en nuestros pensamientos para escuchar lo que él piensa de nosotros porque hemos regalado ese espacio para ocuparlo con las opiniones de los demás. Nos preocupamos demasiado por lo que los demás piensan de nosotros en lugar de enfocarnos en lo que Dios piensa de nosotros.

La Biblia explica lo que sucede cuando nos enfocamos demasiado en nosotros mismos. Pablo dice: "La mentalidad pecaminosa es muerte, mientras que la mentalidad que proviene del Espíritu es vida y paz" (Romanos 8:6, NVI). Verás, Dios nos creó para mucho más que la supervivencia o la autopromoción. Cuando seguimos nuestra inclinación natural de preservarnos y promovernos, o de desempeñarnos en base al criterio de otros, con el tiempo acabamos en un lugar de oscuridad y duda. Es demasiada presión. Incluso si logramos el éxito o si tenemos algunos días buenos, con el tiempo no será suficiente porque no podemos mantenerlo.

Si yo quería salir de la sombra de mis dudas, sabía que tendría que quitar los ojos de mí misma y ponerlos en la luz. Mientras terminaba de empacar mi maleta y de prepararme, le pedí a Dios que me mostrara cómo cambiar mi enfoque.

Primero tenía que volver mis pensamientos por completo a él al pensar en los puntos de fuertes de Dios y no en mis debilidades. Recordé promesas de la Biblia que me recordaban quién es él y cómo quiere obrar en mi vida. Pensé en varios de mis versículos favoritos e incluso los leí en voz alta para mí misma.

Entonces recordé a otro hijo de Dios que quedó paralizado por el temor y la inseguridad. Su nombre fue Gedeón. Al leer su historia supe que había vencido a sus dudas y a sus enemigos al enfocarse en lo que Dios pensaba de él en lugar de lo que él pensaba de sí mismo.

Un día Dios envió un ángel a Gedeón mientras él se escondía en un lagar trillando trigo. Normalmente la gente trillaba el trigo afuera, pero Gedeón tenía miedo de sus enemigos, los madianitas. Él sabía que podían verlo en los campos, así que se ocultó.

Cuando el ángel del Señor se le apareció a Gedeón, le dijo:
—¡El Señor está contigo, guerrero valiente!
—Pero, señor —replicó Gedeón—, si el Señor está con nosotros, ¿cómo es que nos sucede todo esto? ¿Dónde están todas las maravillas que nos contaban nuestros padres, cuando decían: "¡El Señor nos sacó de Egipto!"? ¡La verdad es que el Señor nos ha desamparado y nos ha entregado en manos de Madián!
El Señor lo encaró y le dijo:
—Ve con la fuerza que tienes, y salvarás a Israel del poder de Madián. Yo soy quien te envía.
—Pero, Señor —objetó Gedeón—, ¿cómo voy a salvar a Israel? Mi clan es el más débil de la tribu de Manasés, y yo soy el más insignificante de mi familia.
(Jueces 6:12–15, NVI)

A Dios no lo limitan nuestras limitaciones

Al igual que nosotros, Gedeón dudaba de su fortaleza y sus habilidades. De inmediato sus inseguridades comenzaron a gritar excusas, enumerando todas sus incompetencias. ¿Alguna vez has dudado de que Dios pueda usarte por tus limitaciones o debilidades? Las limitaciones de Gedeón no limitaron a Dios y las nuestras tampoco lo limitan. Él no quería que Gedeón dependiera de su propia fuerza. Dios quería que Gedeón dependiera de Su fuerza. Dios iba a conquistar a los madianitas, pero invitó a Gedeón para que le acompañara.

Tal vez era porque él sabía que al conquistar a los madianitas, Gedeón también conquistaría sus enemigos personales de la duda y el temor. A menudo Dios te llamará a ir más allá de tus limitaciones para hacer algo que requiere fe. No es tanto cuestión de lo que él quiere que hagas como de lo que él quiere hacer en ti, a medida que dependes de él.

Dejar atrás nuestro pasado

Algo que provocó la duda de Gedeón fue su percepción de sí mismo en base a su pasado. Él dijo que su familia era la más débil y que él era el más insignificante de todos. Es importante que entendamos que las emociones dañadas y las inseguridades de nuestro pasado tienen una influencia poderosa en cómo nos vemos hoy a nosotros mismos. ¿Existen cosas negativas de tu niñez o de tu historia familiar que han lanzado una sombra de duda sobre tu destino?

De niña yo sentía que mi familia era débil y que yo era la más insignificante. Durante mi niñez conocí a pocas personas cuyos padres estuvieran divorciados. Ya que los míos lo estaban, me sentía "inferior" cuando estaba con amigos cuyas familias estaban completas y felices. No solo me sentía "inferior", también teníamos menos que la mayoría de las personas.

Aunque mi papá tenía una casa grande y lujosa, mis hermanos y yo vivíamos con mi mamá en una casita tipo dúplex muy modesta y teníamos un auto con más abolladuras que la luna. Le decíamos "la carcacha". No sé cómo la tierra llegó hasta allí, o por qué se quedó allí, pero recuerdo que en la parte trasera teníamos hierbas que habían crecido allí. Ahora es gracioso pero cuando era niña me daba vergüenza. Para empeorar las cosas, mi papá no siempre pagaba la mantención y eso me hacía pensar que no debíamos valer lo suficiente para él como para que se ocupara de nosotros.

Cuando la duda me embarga a menudo es porque algo ha sucedido que dispara mis viejas emociones y crea en mi mente pensamientos similares a los que tuve de niña. A veces la opinión de aquella niñita herida todavía tiene gran peso en mi corazón. Si la escucho, emociones de mi pasado poderosas, aunque inmaduras, comienzan a salir a la superficie. Pero no son verdad en mi vida. Las inseguridades de tu pasado no son verdad en tu vida tampoco.

Al examinar nuestras dudas y desarrollar corazones confiados, será importante que reconozcamos las emociones negativas del pasado que nos impiden vivir de manera confiada en nuestro presente y futuro.

Además tendremos que comprender que el origen de nuestra familia no define nuestra verdadera identidad. Una vez que nos convertimos en hijas del Rey tenemos una herencia real que determina quiénes somos. Gedeón tenía que dejar de pensar en sí mismo como el debilucho de la familia y comenzar a ver así mismo como un hijo de Dios, un guerrero poderoso en los ojos de su Padre. Ya sea que tuvimos una gran familia o no, nuestros corazones solo encontrarán confianza duradera cuando encontremos nuestra identidad como hijos de Dios.

Otros disparadores de la duda

Me encanta cuán honesto fue Gedeón con respecto a sus inseguridades. Él le dijo al ángel del Señor por qué cuestionaba la presencia de Dios y dudaba de sus promesas. La desconfianza se había colado por las grietas de sus pensamientos mientras Gedeón recordaba los conflictos recientes y las derrotas ante los madianitas. Aquel día, parada en mi baño, yo también tenía que ser honesta con Dios. Le pedí que me mostrar qué hizo que me enfocara tanto en mí misma que me lanzó a la sombra de la duda.

Como Gedeón yo había caído en la trampa de la comparación, comparando mis habilidades con las de otras oradoras que estarían presentes junto conmigo en un evento próximo. La duda de mí misma me convenció de que yo no era tan talentosa como ellas. Además tuve un conflicto con una amiga esa semana que me hizo cuestionar si siquiera debía estar en el ministerio de mujeres. *Al fin y al cabo*, susurraba mi duda, *si no puedes mantener relaciones saludables en todo momento, en todas las esferas, ¿cómo puedes ayudar a otras?*

Para colmo, recibí un correo electrónico con opiniones sobre eventos recientes. Había varios comentarios positivos y una crítica. Me olvidé de los elogios y no podía dejar de pensar en aquella única crítica. Ante la comparación, el conflicto y las críticas, quité los ojos de la fortaleza de Dios y me enfoqué en mis debilidades. Yo era como Gedeón, solo que me escondía en mi baño y no en un lagar.

¿Alguna vez te comparas con otras personas a quienes admiras y sientes que no tienes tantos dones, ni eres tan inteligente, equilibrada, capaz o bella? Cuando surgen conflictos en el trabajo o en la casa, ¿te culpas a ti misma o te preguntas si hay algún defecto en tu personalidad que esté causando la disputa? ¿Alguna vez las palabras críticas de otra persona te han hecho dudar de poder hacer ciertas cosas?

Estos son solo algunos disparadores que pueden llevarnos a ese lugar desagradable de la inseguridad, un lugar que nos hace querer correr y escondernos de nuestros enemigos, ya sea que nuestro enemigo sea una persona, un sentimiento e incluso nosotras mismas.

Aunque Gedeón se vio tentado a mirar atrás, Dios lo desafió a mirar hacia delante. Él podía ver más allá de quién era Gedeón a en quién se convertiría. Dios le había prometido a Gedeón que derrotaría a sus enemigos, y que no pelearía solo. "Jehová le dijo: Ciertamente yo estaré contigo, y derrotarás a los madianitas como a un solo hombre" (Jueces 6:16).

Los primeros pasos de Gedeón para salir de la duda implicarían que se enfocara en la promesa y el poder de Dios y no en sí mismo. Con el tiempo, con la ayuda de Dios, Gedeón derrotaría a sus enemigos y a sus dudas.

Volverse a la verdad

Antes de aquel día en mi baño yo pensaba que la duda era sencillamente una emoción negativa. Veía la duda como una de mis debilidades, un lapso de fe, un descenso en la autoconfianza. Yo quería que Dios me la quitara o que me sanara, pero entonces me di cuenta de que la sombra de la duda había caído sobre mis pensamientos y emociones porque yo había dejado de vivir en la seguridad de las promesas de Dios. Fue así como terminé paralizada por la oscuridad.

¿Y tú? ¿Cuántas de estas dudas te han llevado a las sombras?

No soy lo suficientemente buena.

Soy un fracaso.

Siempre decepciono a alguien.

Dios no me puede usar.

No tengo nada especial que ofrecer.

Me preocupo demasiado.

No puedo balancear mi vida.

No puedo seguir a Dios me manera constante.

Nunca cambiaré.

¿Cuán a menudo estás de acuerdo con estos susurros de la duda y te descubres viviendo en la derrota y el desánimo? ¿Alguna vez te has sentido paralizada por la incertidumbre y has dejado que esta te impida caminar hacia Dios con fe?

Aquel día en el baño Dios cambió la manera en que yo proceso mis dudas. Cuando me encuentro parada a la sombra de la duda, le pido que me muestre qué provocó mi duda y me hizo empezar a alejarme de su verdad. Le pido a Dios que haga brillar la luz de su Palabra en mi corazón para poder ver su realidad versus las mentiras que estoy creyendo.

Aquel día fue un momento decisivo. Yo quería grabar la imagen en mi mente. Alejarme de la sombra, volverme a la luz. *Volverme* sería crucial.

Alejarme de mí misma
Volverme a Dios

Alejarme de la duda
Volverme a la verdad
Alejarme de la oscuridad
Volverme a la luz

Volvernos es crucial al aprender a vivir más allá de la sombra de nuestras dudas. Volvernos a Dios, para poder escuchar lo que é dice sobre quiénes somos y lo que podemos hacer. Volvernos a la verdad para poder conocer quién es él y qué quiere hacer mediante nuestras vidas al depender de él. Volvernos a la luz de las promesas de Dios para nosotros en cada aspecto de nuestras vidas: como mujer, mamá, esposa, amiga, líder, seguidora de Jesús…de manera que nuestra vida se trate de vivir, amar y llevar a otros a la luz de la verdad de Dios mientras nosotros la ponemos en práctica en nuestras vidas cotidianas.

En lugar de esperar que Dios nos bombardee de confianza y quite nuestras dudas, pidámosle que use nuestras dudas para llevarnos a un lugar más profundo de dependencia de él y de sus promesas.

No será fácil necesariamente, porque requiere *volverse*, pero es posible y vale la pena lo que implica. Volverse lleva a transformarse al permitir que nuestros pensamientos sean hechos nuevos y la transformación nos lleva a creer cuando los pensamientos de Dios se convierten en nuestra verdad. ¿Estás lista para comenzar a volverte?

Orar las promesas de Dios

Señor, gracias porque en Cristo soy una mujer escogida, real sacerdocio, una hija santa, una mujer que le pertenece a Dios. Gracias, que declare yo alabanzas a aquel que me llamó de las tinieblas a su luz admirable. Jesús, ¡tú eres la luz del mundo! Tú prometes que cuando te sigo, no andaré en tinieblas sino que tendré la luz de la vida. Quiero seguirte con todo mi corazón y en cada uno de mis pensamientos. Llévame más allá de la sombra de mis dudas y enséñame cómo depender del poder de tus promesas.

Cuando la duda trate de opacar mis pensamientos, ayúdame a enfocarme en ti, recordando que la mente puesta en la carne es muerte, pero la mente puesta en el Espíritu es vida y paz. Gracias, Señor, mi Dios, que vas conmigo para pelear contra mis enemigos de la inseguridad y la insuficiencia. Tú me das la victoria. En todas estas cosas soy más que vencedora por medio de Aquel que me ama. Oro en el nombre de Jesús, amén.

(Véase 1 Pedro 2:9; Juan 8:12; 1:7-8; Romanos 8:6; Deuteronomio 20:4; Romanos 8:37)

Preguntas para reflexionar y debatir

1. "Cuando enfocamos la atención en nosotras mismas, quitamos la atención de Dios. No dejamos espacio en nuestros pensamientos para escuchar lo que él piensa de nosotros porque hemos regalado ese espacio para ocuparlo con las opiniones de los demás" (pág. 77). ¿En qué pensamientos tiendes a enfocarte más durante tu día: los tuyos, los de otros o los de Dios?

2. ¿Cuántas veces hoy te preguntaste si llenabas las expectativas que otros tienen de ti? Menciona tantas como se te ocurran.

3. ¿Tienes algunas limitaciones o debilidades que te hacen dudar de que Dios pueda usar, o que querría hacerlo? Si es así, descríbelas y por qué te hacen dudar de que Dios pueda usarte.

4. ¿Qué cosas te hacen dudar de ti misma (fracasos, temor, conflictos, desánimo, comparación, preocupación, críticas, cansancio)?

5. El ángel del Señor le dijo a Gedeón: "Ve con la fuerza que tienes... Yo soy quien te envía... yo estaré contigo."

(Jueces 6:14, 16 NVI). Con esa promesa en mente, ¿qué dudas estás enfrentando ahora que sientes que Dios quiere que conquistes con él, y que dependas de su fuerza para vencerlas?

6. Repasa la sección de este capítulo titulada "Dejar atrás nuestro pasado". Anota cualquier cosa de tu pasado que provoque que antiguas emociones que te llevan a la inseguridad y la duda de ti misma.

7. ¿Qué cosas te hacen dudar de ti misma (fracasos, temor, conflictos, desánimo, comparación, preocupación, críticas, cansancio)?

8. ¿En el pasado has considerado la duda como una debilidad emocional? ¿Le has pedido a Dios que te la quite y te bombardee de confianza? ¿Has comenzado a ver la lucha con la inseguridad como parte de tu trayectoria espiritual? Descríbelo.

6

Cuando la duda susurra "No soy lo suficientemente buena"

A veces me pongo a pensar en algo que quiero hacer o algo que siento que Dios me llama a hacer y de repente una sensación de duda me embarga y susurra a mi corazón: *No puedes hacerlo. No eres lo suficientemente buena.*

De la nada me sale esa sensación terrible e insegura de no ser lo suficientemente buena. Durante mucho tiempo no le conté a nadie de mis inseguridades porque supuse que si les contaba las razones por las que pensaba que no era lo suficientemente buena, verían mis defectos y estarían de acuerdo conmigo. Estaba convencida de que yo era la única que luchaba con la duda.

Sin embargo, no siempre le llamé duda. Quizá tú tampoco. A veces le llamaba preocupación: preocupación porque pudiera decepcionar a alguien, preocupación por cometer un error y que me criticaran, preocupación de que empezara algo y no pudiera terminarlo. En otras le llamaba temor: temor de que no estuviera a la altura de las expectativas, temor de lucir tonta, temor de parecer orgullosa al pensar que podía hacer algo especial para Dios, temor de fracasar, temor de que me rechazaran. Lo que he comprendido en los últimos años es que aunque esos sentimientos pudieran acabar como temor o preocupación, su fuente es la duda de uno mismo. Ahora puedo mirar atrás y ver un patrón de pensamiento que llevó a mi patrón de creer que no era lo suficientemente buena.

¿Escogida o rechazada?

En mi búsqueda de "felices para siempre" comencé a orar por un esposo piadoso. Poco después de convertirme en cristiana, conocí a un chico muy apuesto que iba a la iglesia y que vivía en el mismo complejo de apartamentos donde yo vivía.

No solo era apuesto, amaba a Jesús. Me dejaba versículos bíblicos en la puerta y me invitaba a estudios bíblicos en su iglesia. Yo no podía creer cuán rápidamente Dios trajo este tipo de hombre a mi vida. Le llamaremos Mike, aunque ese no es su nombre verdadero.

Mike y yo tuvimos un romance cristiano de cuentos de hadas. Hablábamos de nuestros versículos bíblicos favoritos, orábamos juntos y no pasábamos más allá de tomarnos de la mano porque queríamos mantener pura nuestra relación. Todos nuestros amigos de la iglesia pensaban que hacíamos una pareja muy bonita y que seríamos grandes compañeros para la vida y ministerio. Unos meses después de conocernos comenzamos a hablar y a orar por el matrimonio. Hablamos con nuestro pastor y no mucho después, Mike me propuso matrimonio. Nuestros planes echaron a andar en cuando escogimos una fecha para casarnos.

Dos semanas después de nuestro compromiso me llamó y me invitó a cenar. Esa noche me miró del otro lado de la mesa y me dejó en shock con estas palabras: "He cometido un error terrible. Tú no eres la persona con quien Dios quiere que me case, y lo siento".

Estaba devastada. Ni siquiera recuerdo lo que le dije solo recuerdo que él me dejó en mi apartamento, entré como una zombi y lloré con mi compañera de cuarto quien se casaría dentro de un mes. Yo era dama de honor y novia rechazada, y a punto de quedarme sin un lugar donde vivir. Era horrible. Lloré toda la noche y de cuando en cuando durante varios días. Recuerdo preguntarme qué defecto tan terrible yo tendría que mi prometido decidió que yo no era lo suficientemente buena.

En algunas mañanas mi corazón sufría tanto que me despertaba llorando, salía rodando de la cama y caía de rodillas. No podía enfrentar mi día sin buscar el rostro de mi padre. Le pedía que me diera fortaleza para pasar por la vergüenza de ser rechazada. A veces abría mi Biblia y solo olía las páginas. También leía las promesas de Dios e insertaba en ellas mi nombre, reclamándolas como si hubieran sido escritas solo para mí.

"No temas, [Renee] pues no serás confundida; y no te avergüences, porque no serás afrentada, sino que te olvidarás de la vergüenza de tu juventud, y de la afrenta de tu viudez no tendrás más memoria.
Porque tu marido [Renee] es tu Hacedor; Jehová de los ejércitos es su nombre; y tu Redentor, el Santo de Israel; Dios de toda la tierra será llamado.
Porque como a mujer abandonada y triste de espíritu te llamó Jehová, [Renee] y como a la esposa de la juventud que es repudiada, dijo el Dios tuyo"
(Isaías 54:4-6)

Con el tiempo aprendí, con promesas como estas y otras, que Dios me amaba y nunca me rechazaría. Escribí versículos en tarjetas y las llevaba conmigo, y con el tiempo comencé a creer que yo era "corona de gloria en la mano de Jehová, y diadema de reino en la mano del Dios [mío]" (Isa. 62:3).

Mientras pasaban los meses pude sentir que Dios recogía los pedazos rotos y volvía a armar mi corazón. Comencé a ir a fiestas de Navidad y picnics de la empresa con chicos de mi iglesia, y a salir con amigos nuevos del trabajo. Después de un año aproximadamente, estaba realmente bien, ¿adivina quién se apareció en mi puerta? Exacto, Mike. Él quería que en oración yo considerara restaurar nuestra relación. Sé que estás pensando: *Renee no lo hagas. ¿Cierto?* Créeme, mis amigas amenazaban con plantarse frente a mi apartamento con carteles que dijeran: "¡Aléjate de ella!"

Segundas oportunidades

Yo sabía que amaba a un Dios de segundas oportunidad y que era un Dios redentor. Me preguntaba si él quería redimir nuestra historia, así que le di a Mike una segunda oportunidad. Por supuesto, tienes que creer que casi le hice firmar con sangre que no volvería a botarme. Él prometió que había orado al respecto y que había buscado consejos en gente piadosa.

Comenzamos a salir otra vez y un par de meses después hablamos de matrimonio. Ya el tenía el anillo de compromiso que yo le había devuelto. No recuerdo cuánto tardó pero con el tiempo él volvió a proponerme matrimonio. Acepté y comencé a buscar un vestido. Esta vez demoró cuatro semanas. Él llamó. Nos encontramos para cenar, ¡y me botó de nuevo!

Pero esta vez fui más inteligente. No le devolví el anillo. Lo usé como una garantía para hacer que Mike fuera conmigo a ver a un consejero. Después del primer rompimiento estaba convencida de que yo tenía algún problema. Esta vez estaba decidida a descubrir qué le pasaba a él. De esa manera ambos tendríamos problemas. El consejero decidió que Mike tenía temor al compromiso. Me hizo sentir menos rechazada el poder ponerle un nombre al asunto, aunque el dolor solo empeoró antes de mejorar.

Poco después de que empezamos a ver al consejero, me desperté un día a las 3 de la mañana con una profunda sensación de preocupación. Mike había estado muy deprimido esa semana y se sentía humillado por lo que había hecho. Él era diácono en nuestra iglesia y muchas personas lo admiraban. Estaba muy avergonzado y me preocupaba que fuera a hacer algo drástico.

Cuando me levanté con aquella profunda sensación de preocupación, decidí manejar hasta su apartamento para ver si alguna luz estaba encendida. Estacioné junto a su camioneta de trabajo y por alguna razón me sentí impulsada a meterme dentro y orar por él. Mike tenía su propio negocio de vender equipos, y en su camioneta había cosas que valían miles de dólares, así que yo sabía que siempre estaba cerrado. Pero cuando revisé la puerta de su camioneta, estaba sin seguro. Así que me senté en el asiento del chofer y comencé a orar por él. Después abrí los ojos y vi que su diario estaba encima del tablero.

Cuando nuestro peor temor se convierte en nuestra realidad

Vamos, tú sabes que tú también lo hubieras leído, claro que sí... y yo lo hice. Busqué las anotaciones que é había hecho cerca del tiempo en que canceló nuestro compromiso. Cuando leí sus palabras me enfrenté cara a cara con mi mayor temor de por qué un hombre nunca podría amarme. Él había escrito detalles que describían cosas con las que él lucha en relación con mi personalidad; y peor aún, sobre el tamaño de mis caderas y mis muslos. Él quería que yo fuera más delgada.

No puedo culparlo por escribir aquello. Él pobre, él nunca supo que yo lo leería ni que les contaría a ustedes. Él solo estaba siendo honesto. Si tú leyeras mi diario, es probable que también te horrorizaras con algunas de las cosas que yo digo. Pero leer que é deseaba que yo fuera más alta y más delgada fue peor que el dolor de la ruptura. Y quedé devastada.

Las palabras de Mike abrieron una antigua herida. Verás, yo crecí con un padre, padrastro y hermanos que veían pornografía. Desde pequeña solía encontrar revistas en el baño con fotos de mujeres bellas que tenían cuerpos perfectos. Siempre temí que tendría que ser así de perfecta para ser amada. No lo era y ahora mi temor más grande se había hecho realidad.

Después de leer el diario de Mike, cada vez que veía una mujer hermosa o me paraba frente a un espejo, la duda susurraba: *Ningún hombre te querrá nunca. Nunca serás lo suficientemente buena.* Rechazo. Traición. Abandono. Abuso. Nuestros mayores temores pueden convertirse en la realidad de nuestra peor pesadilla. Tal vez has experimentado alguno o todos ellos. Tal vez tu padre te abandonó o tu esposo te fue infiel. Quizá tu mejor amiga traicionó tu confianza o tu hija adolescente te ha dejado fuera de su vida. El dolor profundo que sentimos como resultado de relaciones rotas puede hacer que dudemos que somos valiosas, que las relaciones futuras pueden ser saludables o que cualquiera pueda querernos alguna vez. Comenzamos a vernos como algo desechable. Que se puede reemplazar fácilmente. Sin ser lo suficientemente buenas.

Después de que Mike y yo nos rompimos, fui donde mi pastor y le pedí que me ayudara a procesar el dolor agudo que yo sentía. No le conté sobre el diario. Solo le hablé de lo que había sucedido. Quería que é me dijera qué malo era mi prometido y cómo yo tenía todo el derecho a sentirme traicionada y engañada. Nunca olvidaré las palabras de mi pastor: "Renee, no puedes poner tu esperanza en un hombre, solo puedes poner tu esperanza en Dios. El amor de un hombre siempre de desilusionará".

En honor a la verdad quería lanzarle algo. Yo no quería que él me corrigiera, quería que se pusiera de mi parte. Sus palabras me confundían tanto. ¿Cómo es posible amar a alguien y no poner la esperanza en esa persona?, me preguntaba yo. No parecía posible ni tenía sentido.

En lo profundo de mi corazón yo sabía que él tenía razón. Siempre había puesto mi esperanza en el amor de un hombre. Había luchado con la codependencia la mayor parte de mi vida. Había tratado de encontrar mi "suficientemente buena" en lo que otros pensaran de mí. Me había quedado paralizada y ahora tenía que enfrentar mi temor al abandono. Tenía que separarme a mí misma y lo que yo valía de la decisión de que un hombre me quisiera o no. Tenía que llevar las palabras e Mike y sus preferencias a la Palabra de Dios.

La promesa de la cercanía de Dios y el hecho de que él me escogiera como suya era la única seguridad a la que podía aferrarme. No fue hasta que Dios era lo único que yo tenía que comprendí que él era lo único que yo necesitaba. Al recuperarme del dolor de no ser deseada y de ser rechazada, comencé a encontrar mi identidad y valor en quién era en Cristo.

La primera sombra de la duda

Es fácil pensar que si fuéramos más altas, más delgadas, más inteligentes, más jóvenes o si tuviéramos todo lo que quisiéramos, estaríamos seguras. Pensamos que todas esas cosas pudieran hacernos sentir como que somos lo suficientemente buenas. Pero la verdad es que incluso que las mujeres que "lo tienen todo", todavía luchan con la sensación de sentir que no son lo suficientemente buenas.

La Biblia inicia con la historia de una mujer que lo tenía todo, sin embargo no era suficiente. ¿Alguna vez te has preguntado por qué Eva no podía ser feliz y sentirse segura con lo que tenía? Porque esa mujer lo tenía todo: tenía el Padre perfecto, un esposo que solo tenía ojos para ella, un jardín hermoso, no tenía problemas con el pelo (de seguro no había humedad en el Edén), y no tenía problemas con el vestuario.

Dios había establecido el valor de Eva mediante su valor como su hija y la corona de su creación. Le había dado a Eva lo que toda mujer desea: intimidad, belleza, seguridad, significado y propósito. Pero cuando Satanás se interpuso entre Eva y la luz del amor de su Padre, la primera sombra de la duda cubrió el corazón humano.

Satanás conocía la debilidad de Eva y aprovechó su inseguridad de no sentir que era todo lo que podía ser...o debía ser. Sus preguntas y sugerencias implicaban que ella carecía de lo que necesitaba para estar a la altura de esas expectativas. Él le dijo que ella podía "ser" más y "tener" más si solo buscaba lo aquello de lo que Dios le dijo que se mantuviera alejada. El enemigo atrajo a Eva con engaños a la sombra de la duda al hacer que su corazón se alejara de Dios y al final haciendo que ella se volviera a sí misma.

Dios había sido más que generoso cuando les dijo a Adán y a Eva que podían comer de cualquier árbol del huerto. El único que estaba fuera de su alcance era el Árbol del conocimiento del bien y del mal. Dios incluso les explicó por qué no quería que ellos comieran del árbol, si lo hacían "ciertamente morirás" (Génesis 2:15–17). Sus límites estaban diseñados para que Adán y Eva pudieran disfrutar el espléndido regalo de bodas que él les había dado dentro de la protección del diseño dado por Dios.

Satanás tenía un plan astuto para engañar a los hijos de Dios al convencerlos de que dudaran del carácter de Dios y desobedecieran sus órdenes. Él se arrastró muy cerca de la mujer y le preguntó:

¿Conque Dios os ha dicho: No comáis de todo árbol del huerto?

Y la mujer respondió a la serpiente: Del fruto de los árboles del huerto podemos comer; pero del fruto del árbol que está en medio del huerto dijo Dios: No comeréis de él, ni le tocaréis, para que no muráis.

Entonces la serpiente dijo a la mujer: No moriréis; sino que sabe Dios que el día que comáis de él, serán abiertos vuestros ojos, y seréis como Dios, sabiendo el bien y el mal. Y vio la mujer que el árbol era bueno para comer, y que era agradable a los ojos, y árbol codiciable para alcanzar la sabiduría; y tomó de su fruto, y comió; y dio también a su marido, el cual comió así como ella. (Génesis 3:1–6)

Apuesto a que Eva estaba contenta con lo que tenía hasta que Satanás hizo que ella se comparara con alguien que tenía más. El tentador la convenció de que algo faltaba en su vida y que ese fruto prohibido la haría "como Dios". En realidad una comparación tonta, pero todas las comparaciones lo son.

¿Y acaso no lo hacemos siempre? *Si tan solo yo fuera como ella. Si tuviera un esposo como el de ella. Si mis hijos se portaran como los de ella... Si_____ entonces sentiría que soy lo suficientemente buena.*

Pablo nos advierte que aquellos que "midiéndose a sí mismos por sí mismos, y comparándose consigo mismos" no son sabios (2 Corintios 10:12). Nuestra lucha con la comparación siempre nos dejará sintiéndonos como que nos falta algo. Tratamos de hacer más y de ser más pero nunca es suficiente. Seguimos sintiéndonos inseguras y nos preguntamos qué problema tenemos.

¿Cuál es mi problema?

Alguna vez te has preguntado: ¿cuál es mi problema? Un día me di cuenta de cuántas veces yo lo hago. Cuando no encuentro las llaves, cuando soy mala con mi esposo, cuando alguien me rechaza, cuando llego tarde al trabajo, cuando les grito a mis hijos, cuando se me olvida hacer algo importante, y la lista continúa. Me di cuenta de que cada vez que pregunto: "¿Cuál es mi problema??" En realidad me estoy diciendo que hay algo mal en mí. Entonces trato de descubrir mi defecto escurridizo para tratar de cambiarlo, pero lo que necesito cambiar es la manera en que me hablo a mí misma. Porque cada vez que digo: "¿Cuál es mi problema?", siembro una semilla de duda y me convenzo a mí misma más y más de que tengo algún problema.

Eso no es lo que Dios quiere que me diga y no es lo que él quiere que te digas a ti misma tampoco. Sin embargo, tenemos un enemigo a quien le encanta lanzar la sombra de la duda sobre nosotras y hacer que nos enfoquemos en el defecto que tenemos (real o percibido), en lugar de en cualquier cosa que hagamos bien.

Satanás es el padre de mentiras; en él no hay verdad (Juan 8:44). Él quiere que creamos mentiras que nos dejan sintiéndonos insuficientes e inseguras de nosotras mismas. El significado de la palabra *mentira* es "una falsedad con la intención de engañar". Satanás quiere engañarnos al hacer que quitemos los ojos de quién somos en Cristo y nos enfoquemos en nuestros defectos, y luego pasemos los días tratando de decidir cómo podemos esconderlos. Fue lo que hizo con Eva en el huerto de Edén. De hecho me pregunto si Eva pudiera haber pensado: ¿Cuál es mi *problema?*, cuando tomó conciencia de su insuficiencia.

> Entonces fueron abiertos los ojos de ambos, y conocieron que estaban desnudos; entonces cosieron hojas de higuera, y se hicieron delantales. Y oyeron la voz de Jehová Dios que se paseaba en el huerto, al aire del día; y el hombre y su mujer se escondieron de la presencia de Jehová Dios entre los árboles del huerto. Mas Jehová Dios llamó al hombre, y le dijo: ¿Dónde estás tú? Y él respondió: Oí tu voz en el huerto, y tuve miedo, porque estaba desnudo; y me escondí. (Génesis 3:7–10)

Dios preguntó quién les había dicho que estaban desnudos. Es decir: "¿Quién les dijo que tenían algún problema?" Al peguntar esto Dios reconoció que alguien les estaba haciendo avergonzar, y no era él precisamente. Él quería que ellos supieran que tenían un enemigo que susurraba mentiras a su corazón, y les hacía que se alejaran de él y el uno del otro.

¿Alguna vez sientes como si alguien te estuviera diciendo que no puedes estar a la altura de las expectativas? ¿Que tienes algún defecto? Es así porque a veces eso es lo que está sucediendo. Tristemente, a menudo creemos las mentiras de Satanás y vivimos como si fueran verdad. Rara vez nos detenemos a pensar: "¿Quién está diciendo estas cosas? ¿Quién me está haciendo dudar de mí misma? ¿Soy yo? ¿Hay algo de mi pasado que me llevó a creer esto? ¿O es el enemigo de mi alma que disfraza su voz como si fuera la mía?"

La treta de Satanás es la misma para ti y para mí que usó con Eva, pero no tenemos que seguirle la rima. En cambio podemos refutar sus mentiras y tentaciones con la verdad. Si hemos puesto nuestra confianza en Cristo como nuestro Salvador, podemos afianzarnos en las promesas de quién somos en él: escogidas, santas y amadas (Colosenses 3:12). En su libro *Victoria sobre la oscuridad*, el Dr. Neil T. Anderson dice: "Mientras más reafirmas quién eres en Cristo, ¡más tu conducta comenzará a reflejar tu verdadera identidad!"[1] A continuación una compilación de las Escrituras que el ministerio del Dr. Anderson creó para recordarnos quiénes somos en Cristo.

Soy aceptada:

Juan 1:12	Soy hija de Dios.
Juan 15:15	Soy amiga de Cristo al ser su discípula.
Romanos 5:1	He sido justificada.
1 Corintios 6:17	Estoy unida al Señor y en espíritu soy una con Él.
1 Corintios 6:20	He sido comprada por un precio. Pertenezco a Dios.
1 Corintios 12:27	Soy miembro del cuerpo de Cristo.
Efesios 1:3-8	He sido escogida por Dios y adoptada como su hija.
Hebreos 4:14-16	Tengo acceso directo al trono de la gracia mediante Jesucristo.

Estoy segura:

Romanos 8:1-2	Estoy libre de condenación
Romanos 8:28	Estoy segura de que Dios obra a mí favor en todas las circunstancias.
Romanos 8:31-34	Estoy libre de condenación. No puedo separarme del amor de Dios.
2 Corintios 1:21-22	He sido creada, ungida y sellada por Dios.
Filipenses 1:6	Estoy segura de que Dios terminará la buena obra que comenzó en mí.
Filipenses 3:20	Soy ciudadana del cielo.
Colosenses 3:3	Estoy escondida con Cristo en Dios.
2 Timoteo 1:7	Se me ha dado un espíritu de poder, amor y dominio propio.
1 Juan 5:18	Soy hija de Dios y el diablo no puede alcanzarme.

Soy importante:

Juan 15:5	Soy rama de Jesucristo, la verdadera vid, y un canal de su vida.

Juan 15:16	Fui escogida para dar fruto.
1 Corintios 3:16	Soy templo de Dios.
2 Corintios 5:17-21	Soy ministra de reconciliación de Dios.
Efesios 2:6	Estoy sentada con Cristo en lugares celestiales.
Efesios 2:10	Soy hechura de Dios.
Efesios 3:20	Tengo acceso a Dios con seguridad y confianza
Filipenses 4:13	Todo lo puedo en Cristo que me fortalece.

Probar o confiar en las promesas de Dios

Satanás tentó a Jesús de la misma manera que tentó a Eva. En Mateo 4 leemos: "Y después de haber ayunado cuarenta días y cuarenta noches, [Jesús] tuvo hambre. Y vino a él el tentador, y le dijo: Si eres Hijo de Dios, di que estas piedras se conviertan en pan" (vv. 2–3). Satanás estaba tentando a Jesús para que satisficiera sus necesidades prescindiendo de la provisión de su Padre. Además básicamente le dijo: "Si tú eres quién dices ser, entonces demuestra tu identidad mediante lo que haces". En lugar de rendirse, Jesús refutó a Satanás con la verdad al responder: "Escrito está: No sólo de pan vivirá el hombre, sino de toda palabra que sale de la boca de Dios" (v. 4).

Después Satanás quiso ver si Jesús probaría las promesas de Dios o si confiaría en ellas. Llevó a Jesús a Jerusalén e hizo que se parara en el punto más alto del templo: "Si eres Hijo de Dios, échate abajo; porque escrito está: A sus ángeles mandará acerca de ti, y, En sus manos te sostendrán, Para que no tropieces con tu pie en piedra" (v. 6). Una vez más Jesús conocía las intenciones de Satanás. Respondió al recordarse a sí mismo y al enemigo el mandato de Dios: "Escrito está también: No tentarás al Señor tu Dios" (v. 7).

Como quería derrotar al Hijo de Dios, el diablo llevó a Jesús a una montaña muy alta para que pudiera ver todos los reinos del mundo y su esplendor. "Todo esto te daré, si postrado me adorares." (v. 9). Satanás siempre está buscando alguien que le adore, pero ya Jesús estaba harto. Él le ordenó: "Vete,

Satanás, porque escrito está: Al Señor tu Dios adorarás, y a él sólo servirás. El diablo entonces le dejó; y he aquí vinieron ángeles y le servían" (vv. 10-11). Dudar de la promesas de Dios hace que sea difícil confiar en el corazón de Dios. Es por eso que necesitamos reconocer las mentiras de Satanás, refutar sus tentaciones y depender más bien de la Palabra de Dios.

Su bondad me hace suficientemente buena

Eva dejó que Satanás la convenciera de que su "suficientemente buena" podría venir de algo que no fuera lo que Dios había prometido y provisto. Al creer las mentiras de Satanás, Eva reveló que su corazón no creía la verdad de Dios. Tratar de obtener nuestro "suficientemente bueno" fuera de las promesas y la provisión de Dios siempre creará inseguridad y obstruirá nuestra relación con él y con otras personas.

Satanás también trató de convencer a Jesús de que él podía encontrar su "suficientemente bueno" al buscar posición y poder prescindiendo de lo que su Padre había prometido. Sin embargo, Jesús no dejó que Satanás lo intimidara como pasó con Eva. Él usó la Palabra de Dios como su espada y encontró la victoria sobre su enemigo. Él sabía que la Palabra de Dios era la única manera de derrotar las mentiras de Satanás. Jesús confiaba en la provisión de su Padre y en sus promesas porque sabía quién era y a quién le pertenecía. Él encontró su identidad y confianza en las palabras dichas por su Padre: "Este es mi Hijo amado, en quien tengo complacencia" (Mateo 3:17).

Un día mi amigo Gary contó en su blog cómo había dejado que Satanás lo apabullara con las dudas. Esto fue lo que él escribió:

> Mi hija Emily me puso a pensar en uno de los fanfarrones en mi vida. Lo detesto. Él es engañoso y mentiroso. Cuando estoy ocupado y cansado, y sobre todo si estoy desalentado, él se aprovecha. Le encantan cuando hay

varias cosas que hacer a la misma vez y será un desafío, pero tengo que hacerlo y carezco de confianza y temo que no lo terminaré. Es ahí cuando él comienza a intimidarme. Me dice una mentira sencilla pero sutil. No la dice en voz alta pero yo siento que mi alma la escucha y si no tengo cuidado, la cree: "Tú eres lo que haces. Si fallas, entonces eso es lo que eres" Es curioso que cuando triunfo nunca soy eso; solo el fracaso se convierte en mi identidad. Así que he decidido inventar dos respuestas para nuestra sensación de "no eres lo suficientemente bueno, no eres tan bueno como debías ser:

Reconócelo. Sencillamente di: "Tienes razón. Soy un desastre. Tú no sabes ni la mitad". Listo, eso acaba con la parte del desempeño. Porque incluso cuando tengo éxito, soy un desastre.

Busca tu suficientemente bueno en Jesús. Cuando le perteneces a Jesús, estás vestido de su justicia, amado y aceptado para siempre, un objeto constante de su amor y gracia inalterables.

Un día en la iglesia yo andaba con los hombros caídos y mi esposa me pasó una nota: "Tú le perteneces al Rey". Ella tiene razón. Le pertenecemos, con desastre y todo. ¡Eso debiera importar![2]

La verdad es que todos somos "un desastre", pero somos amadas sin reservas por el Rey de Gloria. Quizá un hombre nos rechace, pero nuestro Hacedor nos acepta y nos adora. Puede que nos traicionen y nos echen a un lado, pero somos escogidas y redimidas por nuestro Padre celestial.

¿Derrotada o afianzada?

Una mañana me desperté sintiéndome derrotada y desanimada. Pensamientos de duda intimidaban mi mente. ¡No puedo hacerlo todo! ¡No estoy hecha para ser esposa, madre y líder de una organización que ministra a mujeres del mundo entero! Mis pensamientos iban en mi contra y mis sentimientos también.

Estaba ahí acostada en la cama, sintiéndome completamente insuficiente, cuando sonó mi radio despertador. De repente mis pensamientos quedaron interrumpidos por Twila Paris que me cantaba. Con una seguridad confiada ella habló verdad a mi alma y me decía que no era tiempo de temer sino tiempo de tener fe y determinación. Ella me desafió a no perder la visión y dejarme arrastrar por mis emociones sino que me aferrara a todo lo que yo había escondido en mi corazón y que creía ser verdad. Entonces ella me recordó la verdad más importante de todas: *Dios tiene el control*.[3]

La noche anterior había programado mi radio en una estación cristiana para despertarme con música alentadora. Al escuchar estas palabras mis pensamientos se alinearon con la verdad de Dios. Cambió toda mi perspectiva. Pasé de sentir temor a sentirme decidida, de sentirme fuera de control a saber que Dios tiene el control.

Tenemos la opción de o dejar que la duda nos derrote o dejar que la verdad de Dios nos fortalezca. Si tenemos a Cristo en nosotros, tenemos acceso total al poder de Dios y a sus promesas para vivir con un corazón confiado. Pero no sucederá solo porque sea posible. Tenemos que actuar. Así como yo programé mi radio para tener música alentadora, necesitamos actuar de manera deliberada para sintonizar nuestros pensamientos con los de Dios, cada día.

Sintonizar los pensamientos que Dios tiene sobre nosotros

Así como el radio tiene frecuencias de AM y FM, lo mismo pasa con nuestros pensamientos. Estos o son pensamientos AM (A mi favor) o son pensamientos FM (falsos para mí). Muchas veces podemos ser nuestras peores críticas y tenemos muchos pensamientos FM. También tenemos un enemigo que está por completo en contra nuestra. Él está celoso de la gloria de Dios en nosotros y se ve amenazado por la belleza que yace en el corazón de una mujer cuya identidad está segura. Por eso él ataca nuestra confianza. Él sabe que si puede paralizarnos con duda e inseguridad, nunca viviremos todo el potencial de quién somos y lo que tenemos en Cristo. El que está en nosotros es mayor que el que está en contra nuestra. Sin embargo, tenemos que estar conscientes de sus estratagemas y listas para enfrentarlas. Pedro nos dice cómo:

¡Estén alerta! Cuídense de su gran enemigo, el diablo, porque anda al acecho como un león rugiente, buscando a quién devorar. Manténganse firmes contra él y sean fuertes en su fe. Recuerden que sus hermanos en Cristo, en todo el mundo, también están pasando por el mismo sufrimiento.
(1 Pedro 5:8–9, NTV)

Necesitamos mantener nuestras mentes claras al pedirle a Jesús que reemplace el estorbo de la inseguridad, el orgullo, las mentiras de Satanás, con la claridad de su Palabra. Esto es crucial porque el campo de batalla es nuestra mente. Nuestro enemigo sabe que si puede influir en la manera en que pensamos, entonces nuestros pensamientos determinarán cómo nos sentimos, y nuestros sentimientos modelarán la manera en que vivimos. Pero no vamos a dejar que eso siga pasando. En cambio, vamos a meternos en la Palabra de Dios y guardar la Palabra de Dios en nosotros de manera que al depender de su vida en nosotros, él pueda moldear la manera en que pensamos, lo cual cambiará la manera en que sentimos y transformará de manera positiva la manera en que vivimos.

Pensar → Sentir → Vivir

Pedro también dijo que necesitamos estar alertas. La mejor manera de hacerlo es aminorar la marcha para escuchar a nuestros pensamientos. Si nuestros pensamientos van en contra nuestra, también lo harán nuestros sentimientos. Cuando tengas esa sensación de "no lo suficientemente buena", detente y pregúntale a Dios qué provocó tus pensamientos y te hizo comenzar a correr hacia la sombra de la duda. Entonces compara tus pensamientos en cuanto a la situación con los de él. ¿Coinciden? Si no, busca una promesa en la Palabra de Dios para reemplazar esa mentira que ha llenado de duda tu corazón. A continuación algunos pensamientos AM y FM para ayudarte a empezar:

- Cuando la duda venga contra mí, diciéndome que no soy lo suficientemente buena, ¡me enfocaré en la verdad de que Dios está a mi favor! Él dice que yo soy una creación admirable, todas sus obras son maravillosas y yo soy una de ellas (Salmo 139:14).

- Cuando la duda venga contra mí, diciéndome que soy débil y que estoy sola, ¡me enfocaré en la verdad de que Dios está a mi favor! Puedo ser fuerte y valiente porque el Señor mi Dios está conmigo. Él nunca me dejará ni me abandonará (Deuteronomio 31:6).

- Cuando la duda venga contra mí, diciéndome que no debo hacerme muchas ilusiones porque solo conseguiré decepcionarme, ¡recordaré que Dios está a mi favor! Él tiene planes para vida que están llenos de propósito y esperanza (Jeremías 29:11).

- Cuando la duda venga en mi contra diciendo que no soy lo suficientemente buena para determinado papel o posición, ¡recordaré que Dios está a mi favor! Él dice que yo soy su obra maestra, creada para ser nueva en Cristo y así poder hacer las cosas que él planeó hace mucho tiempo (Efesios 2:10).

- Cuando la duda venga contra mí, diciéndome que nadie me ama, ¡me aferraré a la verdad de que Dios está a mi favor! Él me ama tanto que dio a su único hijo para que viviera y muriera por mí, y me escogió para ser adoptada en su familia. (Juan 3:16, Efesios 1:4–5).

- Cuando la duda venga contra mí, diciéndome que no puedo hacer algo porque es demasiado difícil, ¡recordaré que Dios está a mi favor! Puedo hacer todas las cosas en Cristo que me fortalece (Filipenses 4:13).

Desde el momento en que nos despertamos necesitamos sintonizar y escuchar los pensamientos que Dios tiene sobre nosotros. En lugar de dejar que la duda venga en tu contra, comienza cada día dependiendo del poder de Dios y viviendo en la seguridad de sus promesas. Y recuerda, no sucederá solo porque sea posible, tienes que actuar.

Así que escribe estos pensamientos AM/FM en unas tarjetas (en el capítulo 12 encontrarás más), pégalas a tu esposo, llévalas al trabajo, ponlas en tu escritorio, pégalas en el refrigerador o en tu auto, y léelas en voz alta mientras caminas por tu casa. ¡Mientras más escuches la Palabra de Dios, más la creerás, dependerás de ella y vivirás como si fuera verdad!

Sigamos alejando nuestros corazones y mentes de la sombra de la duda que causó el rechazo a medida que aceptamos, creemos y vivimos en la promesa de que somos valiosas, buscadas, y escogidas!

Aunque las preferencias de las personas cambiarán, el deseo que Dios tiene por nosotros no. Otras personas quizá no piensen que somos lo suficientemente buenas, pero Dios siempre lo hará. E incluso cuando si alguien decide que ya no nos quiere, ¡Dios sí nos quiere! La verdad es que cuando le pertenecemos a Jesús somos amadas y aceptadas para siempre. Estamos cubiertas de su bondad ¡y es su bondad la que nos hace lo suficientemente buenas!

———

En caso de que estés preguntándote que pasó con Mike y conmigo, estamos felizmente casados...con otras personas. Pero fuimos a las bodas de cada uno y celebramos la obra redentora que Dios ha hecho en nuestros corazones y en nuestras vidas, juntos y por separado.

Orar las promesas de Dios

Señor, gracias porque en Cristo soy escogida y amada. Me encanta saber que soy una corona de esplendor en manos de mi Señor, una diadema real en manos de mi Dios. Cuando alguien me rechace, sana mi corazón dolido con la promesa de que tú nunca me dejarás ni me abandonarás. Cuando me vea tentada a encontrar mi significado y seguridad fuera de tu provisión y tus promesas, ayúdame a resistir las mentiras y tentaciones de Satanás y a permanecer firme en mi fe. Cuando la inseguridad amenace con llevarme cautiva, recordaré que Cristo me liberó y no me dejaré llevar otra vez la carga de un yugo de esclavitud.

Espíritu Santo, recuérdame cada día que tal confianza me pertenece mediante Cristo, no que soy competente en mí misma para pedir cualquier cosa por mí misma, sino que la competencia viene de él. Se me ha dado la plenitud de Cristo quien es Cabeza sobre todo poder y autoridad. ¡Decido creer que su bondad me hace lo suficientemente buena! En el poderoso nombre de Jesús oro, amén.

(Ver Colosenses 3:12; Isaías 62:3; Deuteronomio 31:6; 1 Pedro 5:9; Gálatas 5:1; 2 Corintios 3:4–5; Colosenses 2:10.)

Preguntas para reflexionar y debatir

1. ¿En qué aspecto de tu vida (mujer, madre, esposa, amiga, hija, ama de casa, profesional, líder, etc.) luchas más en este momento para creer que eres lo suficientemente buena?
2. ¿Alguna vez alguien te ha dicho o hecho algo para hacerte sentir rechazada? Si es así, describe qué pasó y lo que eso te llevó a creer de ti misma.
3. Vuelve a leer el documento "Quién soy en Cristo". Subraya los versículos que hablen más a tu corazón para creer que eres aceptada, que estás segura o que eres importante. Escoge siete de los versículos/promesas y escríbelos en tarjetas. Ora con ellos y léelos en voz alta, uno diferente cada día de esta semana.
4. Relee las historias de la tentación de Eva y de Jesús. ¿Cuáles son las mentiras comunes que Satanás intentó que creyeran?
5. ¿De qué maneras diferentes respondieron Eva y Jesús a las mentiras de Satanás?
6. ¿Reconoces a Satanás como un bravucón espiritual que quiere intimidarte y derrotarte? ¿Cómo usarás lo que sabes ahora y te prepararás para las batallas cotidianas cuando él trate de robarte tu confianza como hija de Dios?
7. ¿Con qué pensamientos FM (falsos para mí), uno o dos, estás lidiando ahora mismo? ¿Por qué pensamientos AM (a mí favor) de las promesas de Dios los vas a sustituir?

7

Cuando la duda susurra "Soy un gran fracaso"

Yo admiro, quizá hasta envidio, a las personas que no temen fracasar. Esas personas que solo ven un revés personal como otra meta que conquistar. Ni siquiera consideran como derrota algo en lo que fallan. Quisiera ser ese tipo de persona pero ante el fracaso no soy tan valiente. El fracaso puede ser doloroso y penoso. A veces hace que quiera darme por vencida, sobre todo conmigo misma.

Fue justo así como me sentí una tarde cuando dejé que el estrés abrumador de ser mamá produjera sentimientos de frustración y fracaso. Había sido un día difícil, haciendo demasiadas diligencias con dos niños pequeños. Mi hijo Joshua, que entonces tenía tres años, no entendía por qué no podíamos comprar cada juguete que sus manos pudieran tocar. Seguía entrando y saliendo del carrito del mercado, y lloriqueando, cada vez que yo trataba de detenerlo. Con la esperanza de escapar de mi sufrimiento, me fui a la fila para pagar, solo para encontrar más súplicas para que le comprara caramelos y goma de mascar. Me sentí tentada a preguntarle a la cajera a qué edad los niños aprenden a estar complacidos.

Era evidente que yo estaba haciendo algo mal. Las demás mamás que yo conocía parecían estar contentas. Sus hijos escuchaban cuando ellas les decían "no". Hasta vestían a sus hijos combinados y se adornaban a sí mismas con actitudes de gracia y sabiduría. Me preguntaba cómo era posible que pudieran hacerlo todo con una sonrisa. Yo apenas podía darme una ducha, vestir a mis hijos y salir por la puerta antes de la hora de almorzar.

En cuanto llegamos a casa esa tarde, apuré a los niños durante la merienda y los acosté para que tomaran su siesta más temprano. No hubo canciones de cuna ni cuentos antes de dormir. En cambio, me fui a la caja de artes manuales y busqué un pedazo de papel rosado para escribir: "RENUNCIO". Había decidido entregarle a mi esposo el papel cuando regresara del trabajo.

Bueno, no pude encontrar ningún papel rosado pero estaba decidida a hacer algo que mi hiciera sentir mejor. Me vi tentada a comerme un galón de helado, sin embargo, saqué un artículo que le había prometido a una amiga que editaría. Al menos podría lograr algo ese día, y quizá obtener algún reconocimiento por hacerlo. Lo menos que imaginaba yo era que Dios estaba a punto de lograr mucho más que eso. Estaba a punto de cambiar mi perspectiva como mamá y sobre todo como hija de Dios.

El fracaso no tiene que ser letal

El artículo de mi hija hacía referencia al libro de Zig Ziglar *Cómo criar hijos con actitudes positivas en un mundo negativo*, donde Ziglar cuenta una historia sobre Andrew Carnegie. El hombre más rico de los Estados Unidos a principios del siglo XX, Carnegie le dio empleo a más de 42 millonarios. Un día un periodista le preguntó a Carnegie cómo fue que ayudó a estos hombres a volverse tan valiosos que les pagaba tanto dinero. Carnegie explicó que "los hombres se desarrollan de la misma manera en que se extrae el oro. Cuando el oro se extrae, hay que quitar toneladas de tierra para obtener una onza de oro, pero uno no va a la mina en busca de la tierra, uno ta en busca del otro y mientras más busca, más encuentra".[2] Zig Ziglar utilizó esta historia como una ilustración, desafiando a los padres a quitar el enfoque de los errores de los hijos y buscar en ellos lo bueno.

Yo me sentía como un gran fracaso. Enfocada en todo lo que mis hijos y yo hacíamos mal, estaba enterrada en la tierra del desánimo y la derrota. Estaba profundamente desilusionada de mí misma y convencida de que Dios estaba tan decepcionado como yo. Ya no tenía deseos de editar el artículo, así que lo dejé a un lado y saqué mi diario.

Llené páginas en blanco con ideas en garabatos, escribí: *Detesto la persona en que me he convertido. Soy una mamá terrible. ¿Por qué alguien no me dijo lo difícil que esto iba a ser? Estoy frustrada con mis hijos y conmigo. ¡No tengo paciencia y no sé lo que estoy haciendo! Me siento culpable constantemente. Estaba ansiosa por ser mamá y ahora quiero rendirme. Ojalá tuviera un buscador de oro en mi vida que pudiera ver algo bueno en mí.*

Justo mientras terminaba de escribir esa oración, sentí que Dios me susurraba: *Renee, yo soy ese buscador de oro. Eres tú la que te criticas tanto. Eres tú quien se enfoca en tus errores y te apaleas con acusaciones y condenación. Esos no son mis pensamientos. Yo veo el oro de mi imagen entretejido en tu corazón cuando te creé. Quiero sacarlo a la superficie para que otros también puedan verlo.*

La idea de que Dios no estaba enfocado en los errores que yo cometía consoló mi corazón aunque no estaba segura de que él pudiera ver algo bueno en mí. Me pregunté si realmente era Dios quien hablaba. ¿Se correspondían esas ideas con su carácter y lo que él decía en la Biblia? Pensé en historias y en pasajes de la Escritura donde Dios no permitió que el fracaso de alguien les definiera o les impidiera ser usados por él. Historias de gente como Gedeón, el hombre que se escondió en un lagar como un debilucho hasta que Dios le llamó guerrero valiente y le ayudó a convertirse en eso.

Pensé también en Simón Pedro, uno de los amigos más íntimos de Jesús. Cuando Jesús les preguntó a los discípulos: "Y vosotros, ¿quién decís que soy yo?", fue Simón quien declaró: "Tú eres el Cristo, el Hijo del Dios viviente". Al escuchar esas palabras, Jesús le dio el nombre de Pedro, que significa "roca" y luego le dijo: "y sobre esta roca edificaré mi iglesia" (Mateo 16:16–18). Pero Pedro no siempre vivió a la altura de su nuevo nombre. Su mayor fracaso fue la noche del arresto de Jesús, cuando Pedro negó, tres veces, conocerlo siquiera.

Jesús sabía que Pedro le fallaría, pero los fracasos pasados y futuros de Pedro nunca fueron funestos. No determinaron cómo Jesús veía a Pedro, ni el potencial que Jesús vio en Pedro. Fue la fe de Pedro en Cristo como Mesías y su amor por el Hijo de Dios lo que, a pesar de sus evidentes fallos, le dieron el potencial para ser usado por Dios.

El fracaso no tiene la última palabra

Fue como si por primera vez yo comprendiera cuán criticona me había vuelto, no solo de mis hijos sino de mí misma. Estaba permitiendo que mis fracasos tuvieran la última palabra en cuando a quién era y lo que podía hacer. Pero Dios me ofrecía a mí la misma gracia y misericordia que había dado a Gedeón y a Pedro.

Dios veía más allá de quién yo era a en quién podía convertirme. Saber que esta era su perspectiva me dio la confianza para creer que no tenía que darme para siempre donde estaba. No tenía que dejar que mi fracaso me definiera. Ese día comencé a dejar que Dios tuviera la última palabra como mi Padre mientras yo aprendía a comprender mejor su perspectiva de mí como su hija.

¿Acaso no todas luchamos con sentirnos fracasadas en algún aspecto de nuestras vidas? En algunas es nuestro pasado. Nuestra niñez no fue lo que pensábamos o esperábamos que hubiera sido. O hemos tomado decisiones devastadoras que quisiéramos poder borrar. Tal vez es nuestra profesión.

Nos ignoraron para una promoción en el trabajo o un puesto en la iglesia, o no estamos usando la educación que tanto luchamos por obtener. Quizá todavía no estamos casadas y parece un fracaso porque todo el mundo a nuestro alrededor ya ha pasado a otra etapa de la vida. O no podemos tener hijos y nos preguntamos si Dios piensa que no somos idóneas para la crianza de hijos. Algunas nos sentimos demasiado jóvenes o demasiado viejas para marcar una diferencia. Quizá no nos sentimos competentes para enfrentar el futuro con posibles desafíos de salud o financieros. Ser un hijo adulto tiene muchas oportunidades para fallar. Puede ser difícil estar disponibles cuando nuestros padres ancianos o que viven lejos necesitan que lo estemos.

A veces no son cosas grandes, son las cosas más pequeñas y cotidianas. ¿Cuán a menudo escuchas a la duda susurrar: *Qué gran fracaso eres*, cuando cometes un error tonto, dices algo de lo que te arrepientes, discutes con alguien a quien amas, decepcionas a una amiga, no das honor a tu esposo o caen en un patrón de pecado? ¿Cuán a menudo te castigas a ti misma con un diálogo interior acusador, diciendo cosas como estas?: *Siempre hago lo mismo. Sigo diciendo lo siento, pero nunca cambiaré. Constantemente decepciono a alguien.*

Cuando nuestros pensamientos nos llenan de declaraciones así, nos enterramos en el desánimo y la derrota. El fracaso tiene la última palabra. Nos convertimos en nuestro peor crítico y una vez más Satanás lo disfruta. Ya sea que te estés diciendo estas cosas a ti misma o que te estés repitiendo lo que otra persona dijo, de nuevo eso es justo lo que el enemigo quiere que creas.

Es una espiral descendente que se vuelve tan familiar que casi resulta fácil dejar que Satanás tenga la última palabra en lugar de tomarnos el tiempo para averiguar qué dice Dios. Pero necesitamos recordar que la acusación no viene de Dios, viene del acusador. La Escritura nos asegura que él será derrotado por completo, pero hasta entonces, él nos acusa delante de Dios día y noche (Apocalipsis 12:10).

Dejar que la acusación nos lleve a Jesús

Acusar es lo mejor que Satanás hace, pero en lugar de creer sus acusaciones, necesitamos dejar que estas nos lleven directamente a Jesús para poder tener la última palabra. Un día Dios me mostró que yo podía usar las estratagemas de Satanás a mi favor y no al revés. Estaba leyendo una historia en la Biblia de una mujer a la que sorprendieron en adulterio. Sus acusadores la llevaron a Jesús con la esperanza de que él la condenara, pero sucedió lo contrario:

Y por la mañana [Jesús] volvió al templo, y todo el pueblo vino a él; y sentado él, les enseñaba. Entonces los escribas y los fariseos le trajeron una mujer sorprendida en adulterio; y poniéndola en medio, le dijeron: Maestro, esta mujer ha sido sorprendida en el acto mismo de adulterio. Y en la ley nos mandó Moisés apedrear a tales mujeres. Tú, pues, ¿qué dices? Mas esto decían tentándole, para poder acusarle. Pero Jesús, inclinado hacia el suelo, escribía en tierra con el dedo. (Juan 8:2–6)

Estos hombres estaban poniendo una trampa para tener una base sobre la que acusar a Jesús. Tengo la impresión de que también habían tendido la trampa para tener una base sobre la que acusar a la mujer. La Escritura nos dice que ella fue "sorprendida en adulterio", pero ¿cómo la sorprendieron en la cama con un hombre que no era su esposo? ¿Y dónde estaba el hombre cuando la llevaron a Jesús para apedrearla?

Poner trampas es justo lo que hace Satanás. Él nos lleva a querer algo, y luego lo cambia y nos acusa justo en base a aquello con lo que nos sedujo. Digamos por ejemplo que estamos tratando de vencer una batalla como bajar de peso o dejar de comer por impulso emocional. El enemigo nos susurrará que nos "merecemos" el pastel de chocolate. Nos recordará que hemos tenido una semana estresante y que hicimos tantos sacrificios. Nos convencerá de que "claro que un pedacito no hará daño". Nos comeremos uno, y luego otro. Al día siguiente lo lamentamos pero entonces nos sentimos deprimidas y empezamos a desear más, así que regresamos y comemos pastel hasta que no queda nada. Luego nos subimos a la balanza y nos sentimos completamente derrotadas porque subimos las cinco libras que con tanto esfuerzo habíamos bajado. Enseguida la voz de condenación del acusador nos golpea y nos dice que somos un fracaso porque no tenemos disciplina o autocontrol.

Quizá comer no es tu problema. Toma este mismo escenario e inserta la tentación de chismear, gastar demasiado, ver una película con escenas que no necesitas ver o cualquier otra cosa que te tiente. ¿Cuántas veces el enemigo ha usado un poco de distracción para llevarte a un patrón de destrucción y luego te ha condenado por eso? Vemos esto en el huerto del Edén con Eva y en nuestras propias vidas. ¿Escuchas tú estas acusaciones o escuchas la voz de la verdad? Veamos cómo respondió Jesús a los acusadores en la historia de esta mujer:

Mas esto decían tentándole, para poder acusarle. Pero Jesús, inclinado hacia el suelo, escribía en tierra con el dedo. Y como insistieran en preguntarle, se enderezó y les dijo: El que de vosotros esté sin pecado sea el primero en arrojar la piedra contra ella. E inclinándose de nuevo hacia el suelo, siguió escribiendo en tierra. (Juan 8:6–8)

Jesús sencillamente se inclinó y escribió en la tierra. El texto no nos dice qué escribió. Siempre he imaginado que Jesús escribió los Diez Mandamientos, ya que los hombres mencionaron que la ley de Moisés les mandaba a apedrearla. Tal vez Jesús quería que ellos examinaran todos los mandamientos, no solo el que ella había quebrantado. Cuando él se puso en pie, Jesús desafió a sus acusadores para que examinaran sus propios pecados para ver si alguno de ellos carecía de faltas. Él sabía la respuesta, que "No hay justo, ni aun uno…

por cuanto todos pecaron, y están destituidos de la gloria de Dios" (Romanos 3:10, 23).

Él se inclina para hacerme grande

Cuando Jesús se inclinó para escribir por segunda vez, me preguntó qué fue lo que escribió entonces. Nuevamente no sabemos con certeza pero quizá él escribió palabras redentoras como gracia, perdón y misericordia. Me pregunto si Jesús reemplazó el peso de la ley por la libertad de su amor. Lo que sea que haya escrito, algo radical sucedió. Todo el mundo soltó sus piedras y se marchó.

Pero ellos, al oír esto, acusados por su conciencia, salían uno a uno, comenzando desde los más viejos hasta los postreros; y quedó solo Jesús, y la mujer que estaba en medio. Enderezándose Jesús, y no viendo a nadie sino a la mujer, le dijo: Mujer, ¿dónde están los que te acusaban? ¿Ninguno te condenó? Ella dijo: Ninguno, Señor. Entonces Jesús le dijo: Ni yo te condeno; vete, y no peques más. (Juan 8:9–11)

En presencia de Jesús los acusadores de la mujer se marcharon. Él los despidió uno por uno, hasta que fue solo él quedó de pie. El fracaso de ella no tuvo la última palabra; la tuvo Jesús.

Aunque ella sabía que había pecado al cometer adulterio, Jesús también sabía que ella no era su pecado. Era lo que había hecho. Cuando Jesús se inclinó, ayudó a esta mujer a ponerse en pie y enfrentar sus fracasos a la luz de su amor. Jesús tomó lo que sus acusadores querían usar para mal y lo usó para bien. Él quería que el revés de ella la ayudara a seguir adelante.

El día en que me quedé enterrada en mis fracasos como mamá, le dije a Dios que quería cambiar. No quería seguir viviendo en derrota y renunciar a mi legado de mamá. Recuerdo que ahogadamente dije: "Dios, yo no puedo hacer esto. No sé cómo". Así rendida sentí que Dios se inclinaba de rodillas delante de mí, me miraba a los ojos y hablaba a mi corazón: *Es verdad, Renee. Con tus propias fuerzas y mediante tu perspectiva, no puedes hacerlo; pero yo estoy aquí. Te ayudaré.* Al pensar en el fracaso de esta mujer, y en el mío, recuerdo el Salmo 18:35: "Me has dado tu escudo de victoria. Tu mano derecha me sostiene; tu ayuda me ha engrandecido" (NTV). Dios quiere darnos un nuevo punto de partida. Él ve más allá de quiénes somos a en quién nos estamos convirtiendo.

Cuando reconoces ante él que has cometido un error, o un desastre grande llamado pecado, Dios quiere ir a rescatarte y darte la victoria. Él quiere sostenerte y mostrarte que con su gracia, misericordia y ayuda puedes usar tus reveses para levantarte otra vez y encontrar tu confianza en Cristo al creer lo que él dice de ti.

No hay condenación

Esta mujer experimentó el poder de vivir en la promesa de Dios: "Ahora, pues, ninguna condenación hay para los que están en Cristo Jesús" (Romanos 8:1), y tú puedes decir lo mismo. Aunque puede que te condenes a ti misma por tus fracasos, Jesús nunca lo hará. Puede incluso que trates de compensar tus pecados, pero no puedes hacerlo, y no tienes que hacerlo.

[Si] ustedes pertenecen a él, el poder del Espíritu que da vida los ha libertado del poder del pecado, que lleva a la muerte. La ley de Moisés no podía salvarnos, porque nuestra naturaleza pecaminosa es débil. Así que Dios hizo lo que la ley no podía hacer. Él envió a su propio Hijo en un cuerpo como el que nosotros los pecadores tenemos; y en ese cuerpo, Dios declaró el fin del dominio que el pecado tenía sobre nosotros mediante la entrega de su Hijo como sacrificio por nuestros pecados. Lo hizo para que se cumpliera totalmente la exigencia justa de la ley a favor de nosotros, que ya no seguimos a nuestra naturaleza pecaminosa sino que seguimos al Espíritu. (Romanos 8:2–4, NTV)

Cualquier cosa que hayas hecho o que harás, Dios te sigue amando y te perdona. Muchas conocemos bien el pasaje de Juan 3:16: "Porque de tal manera amó Dios al mundo, que ha dado a su Hijo unigénito, para que todo aquel que en él cree, no se pierda, mas tenga vida eterna". Sin embargo, ¿cuántas nos hemos detenido allí y hemos pasado por alto la promesa de que no hay condenación cuando le pertenecemos a Jesús? "Porque no envió Dios a su Hijo al mundo para condenar al mundo, sino para que el mundo sea salvo por él. El que en él cree, no es condenado; pero el que no cree, ya ha sido condenado, porque no ha creído en el nombre del unigénito Hijo de Dios" (vv. 17–18).

Así como la mujer que sus acusadores llevaron a Jesús, después de ser sorprendida en pecado, Dios quiero lo mismo para ti. Aunque en un tiempo "estuviste alejada de Dios" y hasta fuiste su enemiga, ahora él "a fin de presentarlos santos, intachables e irreprochables delante de él, los ha reconciliado en el cuerpo mortal de Cristo mediante su muerte ha reconciliado en el cuerpo mortal de Cristo mediante su muerte" (Colosenses 1:21–22, NVI).

¿Y qué de la convicción?

El Espíritu de Dios probará tu culpa pero su corazón nunca de condenará. ¿Cómo sabes si estamos escuchando la voz de condenación que proviene de nuestro acusador o la voz de convicción que viene de Dios? Una vez escuché a un pastor describir la diferencia entre convicción y condenación. La condenación inunda nuestros pensamientos con frases generales como: *Eres un gran fracaso, eres tan hipócrita* o *nunca se puede contar contigo*. Ese es el acusador. Su tono es condenador, cuestionador y confuso. Sus acusaciones llevan al a culpa y la vergüenza.

La convicción del Espíritu Santo será específica. Él revelará un acto o actitud pecaminoso y nos instruirá en lo que debemos hacer para corregir lo que está mal, ya sea restaura una relación rota o devolver algo que no nos pertenece. Él nos dará los pasos que necesitamos dar para cambiar nuestro comportamiento o actitud.

- En lugar de Eres un gran fracaso como [esposa, mamá, hija], el Espíritu pudiera decir: Fuiste muy crítica al hablar con _____ (tu esposo, hijo, padres, etc.). Necesitas decir que lo sientes y pedir perdón. Entonces diles algo que los edifique en lugar de derrotarlos.

- En lugar de Eres tan hipócrita, el Espíritu pudiera decir: Juzgas a otros por chismear, pero estás haciendo lo mismo cuando hablas de tu vecina en el trabajo. Mañana durante el almuerzo discúlpate por lo que dijiste y menciona algunas cosas positivas sobre ella.

- En lugar de Nunca se puede contar contigo, el Espíritu pudiera decir: No cumpliste tu promesa de ir a ver a tu mamá hoy. Llámala para disculparte y quizá haz una cita para salir juntas a almorzar este fin de semana.

Dios usa la convicción con amor, para mostrarnos nuestros pecado y llevar nuestros corazones al arrepentimiento. Lo hace para alejarnos de una conducta destructiva que daña nuestra relación con él y con otros. Su deseo es sacarnos de la oscuridad del pecado y llevarnos de vuelta a la luz para poder caminar con él en la libertad del perdón y la confianza de su amor.

Avanzar con el fracaso

Todas vamos a fallar y a quedarnos por debajo de nuestras expectativas y de las de los demás. Pero si nuestros pasos los afirma el Señor y a él le agrada nuestro modo de vivir; podremos tropezar, pero no caeremos, porque el Señor nos sostiene de la mano (Vea Salmo 37:23–24, NVI). Una mujer confiada confía en esta verdad. Incluso cuando cae, no se queda en el suelo. En cambio, busca la mano de Dios y se levanta otra vez (Proverbios 24:16).

Últimamente Dios ha estado desafiándome a vivir estas verdades una y otra vez. Sigo quedándome corta y él sigue recordándome que soy una obra en progreso y que al depender de Cristo en mí, sigo adelante incluso cuando tengo un revés. De hecho, él me está empujando un poco en estos días para que avance con el fracaso.

Avanzar con el fracaso... después de criticar a mi esposo y darme cuenta de que, otra vez, no le rendí honor. En cambio, contribuí a un día que ya era estresante para el esposo y padre que acababa de traer comestibles para la casa.

Avanzar con el fracaso... después de permitirme estar demasiado ocupada como para tomarme tiempo y visitar a una vecina que pasó, inesperadamente, a recoger algo esta tarde.

Avanzar con el fracaso... después de haber disparado palabras ásperas a mi hijo quien dijo que el yogurt que había en nuestro refrigerador, y que fuera de eso no tenía más nada, estaba vencido, después de que yo hubiera abierto el pote grande de yogurt, en perfecto estado, comiera un poco y le sirviera un pozuelo a su hermano en la merienda.

Avanzar con el fracaso... después de haber incumplido con mi fecha tope otra vez y tuviera que pedir otra extensión.

Avanzar con el fracaso... después de perder el vuelo y tener que cancelar los planes con una amiga que manejó dos hora para reunirse conmigo en el aeropuerto y almorzar durante una larga parada.

Avanzar con el fracaso... después de decirle a mi mamá que no podía cumplir algunas promesas grandes que le había hecho.

Avanzar con el fracaso... después de decirle a Dios que escribir un libro es demasiado difícil y que no puedo hacerlo porque no tengo lo que se necesita.

Cuando decepcionamos a Dios o a otras personas, eso puede hacer que nos sintamos como un fracaso automáticamente. Esto refuerza las mentiras de Satanás y destruye nuestra confianza. Temer al fracaso puede distorsionar nuestra perspectiva y mantenernos enfocados en el temor de volver a fallar. En cambio necesitamos preguntarle a Dios si hay algo que debamos hacer de manera diferente.

Uno de los temas principales de la Biblia es vencer el fracaso. A lo largo de las Escrituras vemos que el fracaso a veces lo causa la desobediencia (Números 14:40–45), el pecado (Josué 7:3–12), la falta de fe (Mateo 17:15–21), no seguir lo que Dios dice (2 Crónicas 28:1–5), el no calcular el costo (Lucas 14:28–29), la incredulidad (Hebreos 4:6), y los motivos equivocados (Santiago 4:3). Pero incluso cuando la maldad nos haga fracasar, no tiene que ser fatal ni final. Cuando fracasamos o nos sentimos fracasadas, tenemos que hacernos algunas preguntas:

- ¿Hice algo mal o tomé una mala decisión que llevó a este fracaso?
- ¿Estoy actuando separada de Dios?
- ¿Hay algo que no estoy haciendo para cumplir con un compromiso que hice?
- ¿Oré por esto o solo lo hice porque quería hacerlo?
- ¿Fui responsable del resultado?
- ¿Me comprometí demasiado al aceptar hacer esto?
- ¿Está Dios usando esto para refinar mi carácter?

Hace poco decepcioné a alguien y me sentí terriblemente mal al respecto. Yo estaba pasando por una etapa de estrés constante y de desafíos en cuanto a la salud de mis dos padres. También tenía algunos problemas de salud pero no lo sabía; solo pensaba que estaba cansada, así que seguí adelante. Cuando supe cuánto había decepcionado a esta persona, sabía que tenía una elección. Podía sentirme como un fracaso total o podía avanzar con el fracaso.

Sabía que le había dado a esta persona y este proyecto todo lo que podía dar, pero lo mejor de mí no era suficiente. Había pasado por alto algunos detalles importantes. No había comunicado algunas de mis limitaciones. En lugar de tomarlo como algo personal, le pedí a Dios que me ayudara a encontrar las lecciones que podía aprender. Entonces escribí una carta disculpándome y explicando lo que había sucedido. Pedí perdón y ella con gracia me lo dio.

Tenemos que aceptar que vamos a decepcionar a las personas, sobre todo si estamos buscando agradar a Dios. A veces necesitamos disminuir nuestras expectativas en cuanto a nosotras mismas y aligerar nuestra lista sobrecargada de compromisos. Además necesitamos terminar con el hábito de castigarnos con tantos pensamientos críticos. ¿Qué estamos haciendo al hablar a una hija de Dios de la manera en que nos hablamos a nosotras mismas? Cuando las críticas vengan, y hayamos dado lo mejor de nosotras, podemos descansar al saber que Dios está complacido. Si no dimos lo mejor de nosotras, podemos concedernos gracia y tratar de seguir adelante con el fracaso.

Transformarnos

Aunque parece contradictorio, el fracaso puede ayudarnos a transformarnos en la mujer confiada que Dios quiere que seamos. Puede hacernos más fuertes y mejores, si acudimos a Dios por ayuda. El fracaso produce sabiduría cuando lo pedimos y madurez cuando aprendemos de él. El fracaso nos lleva a hacer más de lo que creemos que podemos y a probar otros métodos al hacer cosas cuando no resulte de una manera determinada. El fracaso puede ser doloroso, pero también puede ser beneficioso.

Sé que el fracaso puede moldearnos y darnos una confianza inverosímil porque eso fue lo que sucedió el día en que me sentí tan fracasada como mamá. ¿Recuerdas cómo quería renunciar? El día que toqué fondo y clamé a Dios pidiendo ayuda, Dios me mostró su perspectiva sobre mí como hija suya. Luego me desafió a buscar maneras de tener esa misma perspectiva como mamá, de ver más allá de quiénes eran mis hijos a en quiénes podrían convertirse. A amarlos y guiarlos al corazón de Dios.

Pensé en la diferencia que podría marcar para mis hijos el saber que yo buscaba en ellos el oro de manera intencional pero no estaba segura de cómo hacerlo. Entonces recordé cómo mi esposo y yo habíamos tratado de enseñarle a Joshua la importancia del carácter, pero a él no le interesó. Mientras pensaba en el oro que quería encontrar en mis hijos, mi mente comenzó a inundarse con rasgos del carácter. Anoté dos categorías: actitudes de oro y actos de oro.

Enumeré rasgos como bondad, obediencia, honestidad y agradecimiento, y luego anoté versículos bíblicos para cada rasgo. Además enumeré rasgos no tan de oro como la ira, el egoísmo, la queja, la discusión y el descontento. Esos representaban la tierra que entierra el oro. Al día siguiente estaba tan inspirada que creé una gráfica para el carácter e hice pepitas de oro con papel de aluminio pintado con color oro. Le conté a mi esposo y decidimos enfocarnos en un rasgo diferente cada semana mientras buscábamos maneras de vivirlos en nuestras vidas cotidianas.

Hablamos de cómo habíamos mostrado paciencia, usado palabras amables, tomado la iniciativa, etc., cada día; e incorporamos los versículos bíblicos correspondientes a las oraciones por nuestra familia y por otros. Cuando veíamos a Joshua haciendo un acto de oro o con una actitud de oro, le dábamos una pepita y establecimos un sistema de manera que él pudiera ahorrarlos y cambiarlos por regalitos o actividades familiares especiales. Estos se convirtieron en recuerdos tangibles de la promesa de Dios de premiarnos si le seguimos. Al leer historias bíblicas con mis chicos, buscaba lecciones en las vidas de personas que mostraron un carácter bueno o malo. La nueva perspectiva que Dios me dio para la crianza de mis hijos comenzó a moldear mis oraciones mientras le pedía que moldeara nuestros caracteres para que fueran más como el suyo. Nuestro hogar cambió en la semana que yo estaba lista para renunciar y nunca más ha sido el mismo. Trece años después, buscar oro en el corazón de nuestros hijos se ha convertido en una realidad. Hasta publicamos una "Gráfica para buscar oro en el corazón del carácter de tu hijo".[2]

Me alegra tanto que Dios usara mi desastre para llevar su mensaje a mi corazón y con el tiempo permitirme compartirlo con otras mamás que luchan. Sobre todo, él me enseño que mis fracasos no tienen que ser definitivos; si los dejo, pueden ayudarme a ser más como él.

¿Dejarás que tus fracasos te lleven a Jesús? ¿Darás lo mejor de ti y permitirás que su fortaleza perfeccione tus debilidades? Y cuando fracases, ¿escogerás seguir adelante con el fracaso?

En Cristo eres una mujer que se está convirtiendo en todo aquello para lo que Dios te creó. Al confiar en su poder y depender de sus promesas eres una mujer que está creciendo, una mujer que cada día se parece más a Jesús. Una mujer que no es perfecta pero que se rinde al poder perfecto de Dios y a su amor obrando en ella.

Cada vez que falles en ser la mujer que Dios te llama a ser, o la mujer que esperas ser, permite que Dios te recuerde el progreso que has hecho. Aunque quizá no seas quién quieres ser, ¡ya no eres quien eras antes! Cada vez que sigue adelante con el fracaso, te acercas más a quién debes ser.

Orar las promesas de Dios

Señor, gracias porque mis fracasos nunca tienen la última palabra, ¡la tienes tú! Tú dices que no hay condenación para los que están en Cristo Jesús y mi vida está escondida en él. Cuando mi corazón o mi enemigo trate de condenarme, tendré confianza al creer que recibiré de ti cualquier cosa que pida según tu Palabra y tu voluntad mientras obedezco tus mandamientos y busco lo que te agrada.

Porque tú ordenas mis pasos, Señor, yo creeré que tú te deleitas en mí incluso cuando caigo o fracaso. Cuando tenga un revés, me levantaré otra vez porque tú me das tu escudo de victoria y tu mano derecha me sostiene; tu ayuda me hace grande. Gracias por tu gracia que es suficiente para mí. Decido depender de tu promesa de perfeccionar tu poder mediante mi debilidad para que el poder de Cristo descanse sobre mí. En el nombre de Jesús, amén.

(Ver Romanos 8:1; Colosenses 3:3; 1 Juan 3:21-22; Salmos 37:23–24; 18:35; 2 Corintios 12:9.)

Preguntas para reflexionar y debatir

1. En una escala del 1–10 (donde el 1 es "muy poco" y 10 es "muchísimo"), ¿cuán a menudo escuchar al a duda susurrar: *Eres un gran fracaso?* ¿Alguna vez escuchas un diálogo interno acusador que dice cosas como: *Siempre haces eso; sigues disculpándote, pero nunca cambiarás; o, Siempre desilusionas a alguien?*

2. ¿Alguna vez tus fracasos parecen finales o fatales? Si es así, describe una ocasión en la que fallaste y cómo dejaste que eso te definiera.

3. Jesús sabía que Pedro les fallaría, sin embargo él vio más allá de quién era Pedro a en quién se convertiría. ¿Cómo te hace sentir el saber que lo mismo es verdad en tu vida? Anota un aspecto en el que te sientas fracasada o que temes fracasar y pídele a Jesús que te ayude a avanzar con el fracaso confiada incluso si tienes un revés.

4. ¿Alguna vez has sentido que caíste en una de las trampas de Satanás? ¿Cómo dejarás que sus acusaciones te lleven a Jesús en el futuro?

5. ¿Cuál es la diferencia entre condenación y convicción?

6. Describe una ocasión en la que te sentiste condenada (por ti misma o por otra persona). ¿Cuál hubiera sido la diferencia si hubiera procesado la situación mediante el filtro de la convicción? ¿Qué pasos puedes dar la próxima vez para dar paso a la restauración en lugar de la condenación?

7. "Cada vez que falles en ser la mujer que Dios te llama a ser, o la mujer que esperas ser, permite que Dios te recuerde el progreso que has hecho. Aunque quizá no seas quién quieres ser, ¡ya no eres quien eras antes! Cada vez que sigue adelante con el fracaso, te acercas más a quién debes ser" (pág. 121). Menciona tus declaraciones de "adelante con el fracaso". ¡Llévalas contigo esta semana y compártelas con una amiga!

8

Cuando la duda susurra "Yo no tengo nada extraordinario que ofrecer"

Estaba allí sentada, temiendo el momento de que llegara mi turno. La moderadora de la actividad para fortalecer nuestro equipo había pedido al grupo que respondiera dos preguntas: "¿Qué te encanta hacer?" y "Si las finanzas no tuvieran límites y el fracaso fuera imposible, ¿cuál sería tu sueño?"

Empecé a orar para que se nos acabara el tiempo antes de que me tocara hablar pero por si acaso tenía que responder, escuchaba a todas los demás describir sus sueños con la esperanza de obtener ideas. Una quería dijo que le encantaba ser líder y soñaba con ser la primera mujer presidenta de los Estados Unidos. Otra amiga dijo que le encantaba cantar y que siempre había querido cantar en un grupo de rock cristiano.

Me di cuenta de que estaba en apuros. En aquel momento yo tenía 32 años y no sabía lo que me gustaba hacer ni cuáles eran mis sueños. Cuando me llegó el momento de responder, el grupo escuchaba mientras la lengua se me trababa antes de por fin reconocer que no tenía un sueño. La inseguridad susurró: *Eso es porque los sueños son para gente confiada que tiene algo especial que ofrecer y tú no tienes nada.* Me sentía como una niña de tercer grado viviendo en un cuerpo de mujer y me preguntaba: *¿Quiero ser enfermera, maestra o estrella de cine? ¿Quién soy? ¿Qué me gusta hacer? ¿Qué tengo para ofrecer?*

Hasta ese momento en mi vida, yo nunca me había tomado el tiempo para hacer o responder a ese tipo de preguntas. En cambio, había tratado de ser lo que otros querían o necesitaban que fuera. Y era bastante buena en eso. Pero también sufría síntomas comunes en aquellos con la "enfermedad de complacer". Vivía con una sensación de incomodidad o de no ser feliz, ya fuera en casa, en el trabajo o en el ministerio. Además era una candidata constante para el agotamiento y nunca me sentía a la altura de otras mujeres.

Liberarse de la trampa de la comparación

Desde que estaba en la escuela intermedia no me gusta quién yo era. Sé que a muchas no nos gusta como somos en esa etapa de la vida pero todas queremos agradarles a los demás. En ese momento muchas nos comparábamos con quienes nos rodeaban, observábamos quién era más popular y tratábamos de ser como esas personas.

Cuando caemos en la trampa de la comparación es fácil sentir que no tenemos tanto que ofrecer como los demás. Y no sucede solo cuando somos adolescentes. Creo que la comparación es uno de los peores enemigos de la mujer.

La comparación hace que nos sintamos inseguras, confundidas y descontentas. Mi amiga Genia lo resumió bien cuando me dijo: "Cada vez que me comparo con otra persona, nunca puedo estar a su altura porque estoy comparando lo que soy por dentro con lo que esa persona es por fuera". Ella tiene tanta razón. Comparamos cómo nos sentimos inadecuadas por dentro con alguien que por fuera parece tenerlo todo. Entonces tratamos de lustrarnos por fuera con la esperanza de que eso nos haga sentir mejor por dentro, pero nunca es así. La comparación nos hace competir unas con otras, pero nadie gana. Dios nunca tuvo la intención de que compitiéramos unas con otras, él quiere que nos completemos unas a otras, que nos celebremos y animemos en los puntos fuertes de cada una al tiempo que descubrimos la persona que él diseñó que fuéramos. Pablo explica por qué en 1 Corintios 12:18–20:

> Mas ahora Dios ha colocado los miembros cada uno de ellos en el cuerpo, como él quiso. Porque si todos fueran un solo miembro, ¿dónde estaría el cuerpo? Pero ahora son muchos los miembros, pero el cuerpo es uno solo.

La única manera en que puedes librarte de la trampa de la comparación es al aceptar que eres quien eres. "[Eres] la obra maestra de Dios. Él [te] creó de nuevo en Cristo Jesús, a fin de que [hagas] las cosas buenas que preparó para [ti] tiempo atrás. (Efesios 2:10 NTV). Haces las cosas como las haces porque eso es parte de tu propósito único, diseñado dado por Dios.

Conocer a mi verdadero yo

Más tarde ese día, después de nuestra actividad "fortalecer el equipo", la moderadora me animó a preguntarle a Dios cuáles eran sus sueños para mi vida y que pasara tiempo conociéndome mejor. Además sugirió que leyera libros sobre las personalidades y los dones espirituales. Seguí su consejo y comencé el proceso de convertirme en "mi verdadero yo", quien se había quedado enterrado en la agitación de la vida y de tratar de agradar a las personas. Yo no quería quedarme en ese lugar confuso de no saber quién era o lo que tenía para ofrecer, así que seguí su consejo y comencé el proceso de conocer a "mi verdadero yo", quien se había quedado enterrado en la agitación de la vida y el tratar de agradar a las personas.

Al leer libros sobre los diferentes temperamentos y rasgos de la personalidad, comencé a identificar lo que me gustaba, las cosas que eran mis puntos fuertes y lo que necesitaba desde el punto de vista emocional para alentar a mi corazón. En lugar de buscar ser más como las mujeres que yo admiraba, comprendí que había un motivo en por qué yo era como era, con mis preferencias pasionales y una tremenda mezcla de emociones. Al leer estos libros sentí por primera vez que alguien me comprendía. También comencé a sentir que Dios quería usar la manera única en que me había hecho para moldear mi corazón para el ministerio.

¿Acaso no es fácil descuidar por completo nuestros sueños y deseos para satisfacer las necesidades de todo el que nos rodea, y decir que es un sacrificio? Suena piadoso, pero al hacerlo arriesgamos cerrar un lugar de nuestra alma donde los sueños y dones de Dios esperan ser revelados. No es una búsqueda interior sino el buscar a Dios al llegar a conocer y convertirte de manera intencional en la mujer que Dios diseñó que fueras.

Así que me pregunto, ¿alguna vez has tomado tiempo para pensar en lo que te gusta hacer? ¿Qué hace que tu corazón cobre vida? ¿Cómo llenarías tu tiempo libre si no tuvieras temores ni inseguridades?

Tal vez cuando escuchas las palabras "tiempo libro" piensas: *no tengo ninguno*. Si es así, por favor date permiso para llevar a conocer a "tu verdadero yo". Sé que todo en la vida clama por tu tiempo, pero en lugar de darle tu completa atención a muchas cosas buenas, comprométete a apartar tiempo cada semana para pasar por el proceso de encontrar las cosas que Dios tiene para ti.

Una mujer confiada quiere conocer cómo Dios la diseñó. Se siente cómoda diciendo "no" a algunas cosas de manera que pueda decir "sí" a vivir la vida que Dios quiere que ella viva. Es intencional y segura en cuando a buscar el propósito espiritual que Dios tiene para ella. En este capítulo quiero ayudarte a hacer justamente eso. Vamos a examinar cómo

Dios te creó con una personalidad única, pasiones dadas por él y habilidades que pueden ayudar a otros, así como dones espirituales y experiencias en la vida que te preparan y capacitan para sus planes y propósitos.

Si estás leyendo este libro con una amiga o con un grupo de amigas, ¡excelente! Si no, quiero animarte a considerar hacer este capítulo junto a otra persona, ya sea una amiga, compañera de trabajo o con tu esposo. Sus perspectivas serán valiosas. Además, hay algunas cosas que vas a necesitar: una Biblia, un bolígrafo, una libreta y la disposición a ser muy honesta contigo misma y con Dios. Además necesitarás un artículo importante, el tiempo, así que asegúrate de apartar un poco.

Exclusivamente tú

Cuando Dios te mira, él ve alguien a quien él ama. En Isaías 43:4, Dios dice: "te amo y eres ante mis ojos precios[a] y dign[a] de honra" (NVI). No eres solo una en un millón, sino tú de manera exclusiva. Eres algo preciado para Dios, un tesoro de gran valor.

Tu personalidad es un aspecto que te hace ser tú de manera singular. Tu personalidad es tu manera natural de hacer las cosas. Tienes puntos fuertes, y tienes lo que yo denomino "desafíos relacionales". Dios te dio de manera deliberada la personalidad que quería que tuvieras para poder impactar a ciertas personas a lo largo de tu vida.

En su libro *Enriquezca su personalidad*, Florence Littauer describe cuatro tipos de personalidades.[1] Este libro fue una llave que me abrió la puerta a descubrir y valorar la manera única en que Dios me hizo. He incluido para ti un resumen que compilé de los escritos de Florence Littauer. Mira a ver si puedes identificar qué rasgos de la personalidad te describen mejor.

Cuando la duda susurra "Yo no tengo nada extraordinario que ofrecer"

Necesita tiempos de silencio, poco estrés, sentirse valorada, respetada

Puntos fuertes	*Desafíos relacionales*
Calma	Obstinada
Añade equilibrio	Se mantiene al margen
Ocurrente	Pospone las cosas
Mesurada	Carece de entusiasmo
Considerada	Es difícil de motivar
Confiable	No reconoce las cosas
Hace las paces	Descuidada

Colérica: Desea CONTROL

Necesita reconocimiento por los logros, oportunidades para liderar, participación en las decisiones

Puntos fuertes	*Desafíos relacionales*
Resuelve problemas	Aferrada a sus propias opiniones
Decidida	Tendencia a ser adicta al trabajo
Líder por naturaleza	Usurpa la autoridad
Buena organizadora	Insensible
Se enfoca en las tareas	Arrogante
Tiene mucha energía	Manipuladora
Sobresale en las crisis	Le resulta difícil reconocer sus errores

Sanguínea: Desea DIVERSIÓN

Necesita interacción, afecto, aprobación, atención

Puntos fuertes	Desafíos relacionales
Ama a la gente	Emotiva
Amistosa	No le gustan los horarios
Emocionante	Da excusas
Simpática	Se aburre fácilmente
Encantadora	Pierde el sentido del tiempo
Creativa	Hace demasiados compromisos
Le sienta muy bien la actividad	Se distrae fácilmente
Excelente narradora de cuentos	

Melancólica: Desea PERFECCIÓN

Necesita comprensión, estabilidad, apoyo, espacio, silencio

Puntos fuertes	Desafíos relacionales
Trabaja bien sola	Se deprime fácilmente
Planificadora	Carece de espontaneidad
Organizada	Ingenuamente idealista
Precisa	Ahorrativa al extremo
Intuitiva	No funciona bien bajo presión
Justa	Perfeccionista
Creativa	Difícil de complacer
Compasiva	Descontenta
Buena con los números	

Cuando yo leí estos rasgos por primera vez sentí que tenía personalidades múltiples. En realidad la mayoría de nosotras somos una mezcla única de dos de estos tipos de personalidades. Mientras oraba y le pedía a Dios que me diera la confianza para ser yo misma de la manera más natural posible, vi que tenía dos tipos predominantes. Todos tenemos deseos que Dios nos ha dado y que nos mueven, y eso está bien.

También comencé a entender que tenemos necesidades emocionales que Dios nos ha dado. Cuando esas necesidades se quedan insatisfechas por completo, nos quedamos vacías y tendemos a funcionar básicamente a partir de nuestras debilidades.

Todas tenemos puntos fuertes y cuando los rendimos a Cristo, nos volvemos más como él al convertirnos más en nuestro verdadero yo. Como dije antes, ninguna de nosotras es perfecta, pero hemos sido hechas de manera maravillosa, tal y como Dios lo planeó.

Si Dios te conoce, tiene un propósito para ti y te ama tal y como te hizo, no tengo dudas de que é quiere que tú llegues también a ese punto de aceptación. Cuando aceptas la persona que Dios diseñó que fueras, encuentras confianza y alegría. Como el salmista podrás decir: "Tú creaste mis entrañas; me formaste en el vientre de mi madre. ¡Te alabo porque soy una creación admirable! ¡Tus obras son maravillosas, y esto lo sé muy bien!" (Salmo 139:13–14, NVI).

Toma un momento ahora, o planifícalo para un futuro muy cercano, para detenerte y escribir una oración de compromiso a llegar a conocer la mujer que Dios diseñó que fueras. Estudia los tipos de personalidad para ver cuál o cuáles tocan tus fibras más sensibles. Como mencioné antes, puedes unirte a alguien de manera que ambas puedan descubrir tu tipo de personalidad primario y secundario.

Descubrir los deseos que Dios ha dado a tu corazón

¿Qué harías si ni el tiempo ni el dinero fueran un problema? Me encanta esta pregunta porque eliminar nuestras limitaciones o excusas a menudo revela el deseo de nuestro corazón. Una vez que vamos más allá de lo práctico, como pagar la hipoteca o las lujosas vacaciones de un mes en Hawái, a menudo comienzas a pensar en las cosas que hacen que tu corazón cobre vida.

Tu corazón es el centro de quién eres, tu verdadero yo. Los deseos de tu corazón indican la pasión que Dios te ha dado para marcar la diferencia en algún lugar. A menudo cuando ves la palabra *corazón* en la Biblia, esta representa el centro de tus emociones o deseos. La Palabra de Dios nos dice: "Sobre todas las cosas cuida tu corazón, porque éste determina el rumbo de tu vida" (Proverbios 4:23, NTV). Pero en muchas ocasiones escuchamos lo contrario. En lugar de guardar y escuchar a nuestro corazón, se nos ha dicho que lo hagamos callar y que escuchemos a la voz del sacrificio y el deber.

¿Y tú? ¿Estuchas los deseos de tu corazón y vives en base a las pasiones que Dios te ha dado o sirves por un sentido de deber y obligación? Muchas personas no pueden responder a esa pregunta. Algunas nunca han pensando al respecto han enterrado tan profundamente sus pasiones bajo la ocupación de la vida que no tienen tiempo para descubrirlo. Otras han descuidado sus corazones y viven para agradar las personas o suprimen los deseos de su corazón porque alguien no estuvo interesado en sus ideas o las criticaron. Incluso si sí conocemos los deseos de nuestro corazón, por algún motivo somos muy buenas dando excusas y racionalizando por qué hemos dejado de vivir nuestros sueños.

El autor Bruce Bugbee explica que:

> Dios ha puesto un imán dentro de cada uno de nosotros que tiene la intención de atraernos a las personas, funciones o causas donde él quiere que ministremos. Esto no es algo que se le ocurrió a Dios a último momento. Nuestra pasión ha sido puesta en nosotros para que podamos alinearnos al propósito que él tiene para nuestras vidas.[2]

Cuando no sabemos cuáles son los deseos de nuestro corazón, somos propensas a pasar nuestras vidas cumpliendo los deseos de otros. Es hora de preguntarnos: "¿Estoy haciendo lo que tal vez Dios llamó a hacer a otros mientras que dejo sin hacer lo que Dios me llamó a hacer a mí?" Quiero animarte a que en oración comiences a buscar tus pasiones, incluso si esto significa decir no a lo que otros quieran que hagas, no de una manera egoísta sino de una manera que honre a la mujer que Dios diseñó que tú fueras.

Entonces, ¿cómo descubrimos los deseos de nuestro corazón? Salmo 37:4 dice: "Deléitate asimismo en Jehová, Y él te concederá las peticiones de tu corazón". Al encontrar nuestro deleite más profundo en nuestra relación personal con Dios y dejar que su Palabra moldee nuestra manera de pensar y nuestros planes, el Señor promete moldear también nuestros deseos. Existe una conexión entre el deleitarnos en Dios y descubrir los deseos de nuestro corazón.

Hace varios años fui a un estudio de Beth Moore donde ella dijo algo que dejó un impacto duradero. Quisiera poder recordar sus palabras exactas pero era algo así: Si quieres conocer tu propósito, busca el corazón de Dios y chocarás de frente con tu llamamiento.[3] Esta oración me ayudó a dejar de luchar y en cambio comenzar a buscar. Y ella tenía tanta razón: mientras más me acerqué a Jesús, más claramente entendí su propósito para mi vida.

Dios creó tu corazón único y él tiene la intención de llevarte a enfocarte en tu ministerios mediante tus deseos y pasiones. Tantas necesidades claman por nuestra atención tanto dentro como fuera de nuestros hogares e iglesias. Nos bombardean de opciones. Puede ser abrumador escoger una cosa en la que invertir nuestro tiempo y energía. Pero así como la diana se diseña para reducir el objetivo de una flecha, Dios usa los deseos de nuestros corazones para reducir el enfoque de dónde él quiere que nuestras vidas dejen una marca para la eternidad.

¿Capaz o incapaz?

Abrí la puerta de mi casa y vi a mi amiga Janet parada allí. Antes de poder invitarla a pasar, ella dijo: "Esta es la mejor nota de agradecimiento que yo haya leído jamás. Renee, tienes el don de escribir y necesitas usarlo". Yo estaba confundida, era solo una nota de agradecimiento. Sin embargo, las palabras de Janet me dieron vueltas en la cabeza todo el día. Yo había estado pidiéndole a Dios dirección y me pregunta si era esto. ¿Quería él que yo animara a más que solo una amiga con mi escritura?

Su respuesta vino mientras manejaba a casa de regreso luego de una cena para mujeres en mi iglesia, unas semanas después. Yo había tomado notas en una servilleta, pero deseaba haber tenido un bosquejo completo del mensaje para poder aplicarlo a mi vida. Entonces se me ocurrió una idea descabellada: tal vez yo podía escribir una guía de estudio y dárselas a otras mujeres que también quisieran profundizar.

La duda filtró mi idea con la realidad: ¿Quién soy yo para pensar que pudo escribir algo que las mujeres querrían leer?

En los días siguientes no podía sacar la idea de mi cabeza, así que le conté a Janet y descubrí que Dios estaba respondiendo también la oración de otra persona. Janet servía en el equipo del ministerio de mujeres. Me explicó cómo habían estado orando por algo para darles a las mujeres después de las cenas. Para mi asombro, ¡me pidieron que escribiera una guía de estudio! Casi me ahogo por la inseguridad pero con las oraciones y los empujoncitos de Janet, la escribí y se regalaron más de mil copias. Al año siguiente escribí otra, y otra más. Nunca me sentí capaz, pero sabía que Dios quería que estuviera disponible.

No siempre he estado disponible. Durante años fui como el tercer siervo que Jesús describió en Mateo 25:14–30. Esta es mi versión contemporánea de la parábola que Jesús contó: Había un gerente que tenía tres sirvientes. Se iba de viaje así que le dio a cada siervo un proyecto individual en el cual trabajar según sus habilidades. A los primeros dos les confió más responsabilidades según sus habilidades. Tal vez tenían más experiencia o se habían probado a sí mismos. Ambos daban su tiempo y talentos para servir a su jefe. Él estuvo complacido con ellos cuando regresó.

Al tercer siervo se le dio menos responsabilidad y él descuidó su tarea. Tal vez pensó: *Oh, no es algo tan grande, ¿para qué preocuparse? Mi jefe nunca será cuenta.* Tal vez estaba celoso. Tal vez estaba celoso. ¿Se les dieron a los demás responsabilidades más visibles? ¿Se convirtió la envidia en una lucha contra su jefe? ¿Era él indolente con sus propias habilidades? ¿Tenía miedo de fracasar? En cualquier caso, el gerente no estaba complacido con él.

Yo he sido culpable de pensar que Dios no fue justo o que no me amó tanto porque no me dio los talentos que yo admiraba en otros. Lamentablemente, he estado celosa cuando a alguien se le asignó una oportunidad que yo quería. Así como el tercer siervo, he pecado al esconder mis talentos e incluso me he frustrado con Dios en lugar de asumir la responsabilidad para ser fiel con lo que se me había dado.

Estos siervos tenían diversas habilidades y el amo les dio un número de talentos diferentes según correspondía. Sin embargo, a todos se les pidió cuentas para que fueran buenos administradores de lo que tenía, ya fuera mucho o poco. Él les dio a los mayordomos fieles más y le quitó al siervo infiel lo que le había confiado.

Descubrir tus habilidades

Me pregunto cómo se siente Dios cuando no somos fieles con las habilidades que nos ha dado. Honestamente, él es nuestro Jefe y, de cierta manera, él se fue en un viaje de negocios. Nos ha pedido a cada uno que supervisemos algo en su Reino, según las habilidades que nos ha dado. Cada habilidad viene con una tarea. Cada tarea viene con la posibilidad de un premio y la posibilidad del remordimiento. No importa si Dios nos ha dado mucho o poco, lo que importa es cuán bien usemos lo que se nos ha dado.

Tus habilidades son los talentos naturales que se te dieron al nacer. Todo el mundo recibe habilidades naturales pero muchas dejamos quela duda moldee nuestras excusas: "Yo no tengo ningún talento. No puedo cantar, No puedo hablar frente a las personas. No puedo dirigir. No tengo nada especial que ofrecer". No importa cuán grande o pequeños parezcan nuestros talentos, todos han sido dados por Dios y pueden ser usados para sus propósitos. Yo nunca pensé que podría escribir un libro. Ni siquiera pensaba que podría escribir un artículo, pero me encantaba escribir notas de agradecimiento y fue eso justamente lo que Dios usó para llevarme a utilizar mi escritura para ayudar a otros.

No importa dónde te encuentres en tu trayectoria espiritual, tienes algo que ofrecer que puede marcar la diferencia en las vidas de otros. Tal vez te gusta cocinar, quizá puedes usar esa habilidad para hacer comidas para personas enfermas o nuevas mamás. ¿Eres creativa con manualidades para niños? Si es así, pudieras ofrecerte para servir en un centro de alcance comunitario o en la iglesia. Si tienes habilidades de contabilidad, tal vez pudieras ofrecerte como voluntaria durante una o dos horas al mes para ayudar con las necesidades administrativas en la iglesia o ayudar a una vecina que tiene problemas para cuadrar su chequera. A Dios le encanta usarnos, con nuestras habilidades únicas, para bendecir a cuellos que no tienen nuestros mismos dones. Es importante enfocarnos en lo que tenemos y no en lo que no tenemos. Cuando somos fieles en las cosas pequeñas, Dios nos confía más y tenemos el gozo de participar en el cumplimiento de sus propósitos. Somos mayordomos responsables de todo lo que Dios nos ha confiado, independientemente de cuán significativos o insignificantes parezcan nuestros dones. ¿Qué paso vas a dar para reconocer tus habilidades y ser buena administradora de estas?

Desempapelar tus dones espirituales

A diferencia de los talentos y habilidades que se reciben al nacer, los dones espirituales se reciben en el nacimiento espiritual. Cuando aceptamos a Jesús como Señor y Salvador, la presencia de Dios viene a morar en nuestros corazones en la forma del Espíritu Santo. Junto con su presencia viene un "regalo" que se conoce comúnmente como un don espiritual. Nuestro Padre celestial lo escoge cuidadosamente para ayudarnos a cumplir el plan que él tiene para nosotros.

Tus dones espirituales indican la manera en que Dios te diseñó para servir y así completar el cuerpo de Cristo. Cada uno de nosotros desempeña un papel crucial para apoyar a otras partes del cuerpo mediante el amor puesto en acción. Pablo dice: "Por su acción todo el cuerpo crece y se edifica en amor, sostenido y ajustado por todos los ligamentos, según la actividad propia de cada miembro" (Efesios 4:16, NVI). Sin que cada persona conozca y use sus dones espirituales, el cuerpo de Cristo está incompleto y no puede alcanzar su potencial completo. Romanos 12:5-8 describe siente dones motivadores que he enumerado a continuación. Demos un vistazo a cada don y veamos si te reconoces en uno o dos de estos.

Profecía

¿Te sorprendes compartiendo la verdad de Dios, independientemente de lo que la gente piense? ¿Te apasiona defender algo significativo? Alguien con el don de profecía a menudo tiene discernimiento espiritual en las situaciones y puede ser un guerrero de oración poderoso o alguien que dice la verdad, en dependencia de cómo Dios le dirija.

Enseñanza

Si tienes el don de la enseñanza disfrutas explicar por qué las cosas son verdad. Ves la necesidad de conocimiento y comprensión bíblica. ¿Te interesa la investigación? ¿Disfrutas explorar los detalles? A alguien con este don le encanta aprender y compartir lo que descubre.

Exhortación

¿Ves tú el potencial espiritual en personas y grupos? A la persona con el don de la exhortación le encanta animar la fe de otros y ayudarles a crecer espiritualmente. Estas personas se sienten impulsadas a compartir las palabras alentadoras de Dios y a dar consejos prácticos sobre cómo aplicar la verdad de Dios a la vida cotidiana.

Misericordia

Si tienes el don de la misericordia te sientes impulsada a ayudar a las personas para disminuir su dolor. ¿Te preocupan más las personas que el motivo de su sufrimiento? En muchas ocasiones los que tienen este don han experimentado dolor y por tanto pueden identificarse con el dolor de otros.

Servicio

Alguien con el don de servicio a menudo acaba haciendo lo que a nadie más le gusta hacer. Si tienes el don del servicio demuestras el amor al servir a las personas y disfrutas a ayudar a otros mientras satisfaces sus necesidades. También prefieres tareas tras bambalinas en lugar de estar al frente.

Dar

¿Te gusta usar tus finanzas para ayudar a otros? Una persona con el don de dar tiene una perspectiva financiera única, a menudo tiene recursos para satisfacer necesidades y disfruta compartir las bendiciones materiales. Ves las necesidades materiales de la iglesia y eres sensible a cuánto dinero se gasta y cuánto se ahorra.

Liderazgo

¿Te sientes impulsada por un fuerte sentido del deber? Si tienes el don de liderazgo te gusta supervisar y organizar proyectos y encontrar cosas para que las personas hagan porque tú ves el panorama general. Eres buena planificando para el futuro mientras trabajas para que todo el mundo mantenga su curso.

Descubrir tus dones espirituales

Existen tres maneras fundamentales de descubrir tus dones espirituales. La mejor manera de reconocer tu don es mediante las experiencias al servir. Esto implica ir tanteando hasta descubrir aquello donde evidentemente tienes el don. Cuando mi pastor estaba en la NFL, conoció a Cristo. Él sabía que Dios quería que sirviera, pero no sabía cómo, así que comenzó el ministerio de oración en su iglesia. Una vez al mes él y su esposa se ofrecían como voluntarios en la guardería. Un domingo le pidieron que contara su testimonio. Rápidamente descubrió su pasión y su don para la enseñanza de la Palabra de Dios. Hoy es el pastor de una de las congregaciones multiétnicas de mayor crecimiento en los Estados Unidos, pero no fue ahí donde él comenzó.

Segundo, puedes preguntar a alguien que te conozca bien y te haya visto sirviendo. Los amigos y líderes del ministerio también pueden ser un buen recurso para ayudarte a encontrar el lugar más adecuado en el cuerpo de Cristo para tu don. En tercer lugar, puedes hacerte la siguiente pregunta: "¿Qué me produce un sentido de gozo y satisfacción cuando contribuyo al ministerio o a algo de importancia espiritual?" Recuerda, tus dones espirituales te capacitan para cumplir con el propósito de Dios al reflejar su diseño para tu vida. Cuando usamos nuestras habilidades divinas, Dios obra por medio de nosotros para satisfacer las necesidades de otras personas y de la iglesia como un todo.

Experiencias de la vida

Otra manera en que Dios revela su propósito es mediante las experiencias de nuestra vida. A veces son buenas experiencias, y otras veces Dios usa las experiencias que han sido dolorosas o difíciles de pasar. En el capítulo 4 hablamos de restaurar nuestro pasado y redimir nuestro dolor para su gloria y el beneficio de otros. Eso es lo que él quiere decir con la promesa de que "a los que aman a Dios, todas las cosas les ayudan a bien, esto es, a los que conforme a su propósito son llamados" (Romanos 8:28). En su libro *Living Life on Purpose*, Lysa TerKeurst describe cómo Dios usa nuestras experiencias para moldear su propósito para nuestras vidas:

Imagina que estás sentada a la mesa con dos tazas de harina, tres huevos, una cucharada de vainilla, una taza de azúcar, una cucharadita de polvo de hornear y algunos otros ingredientes. Pruebas el azúcar y sabe bien, pero cuando pruebas el polvo de hornear es amargo. Sigues probando los ingredientes, algunos saben bien y otros muy mal. Así es la vida. Algunos de los sucesos de tu vida son dulces como el azúcar, otros secos como la harina, y otros que no te gustan para nada. Sin embargo, con la receta perfecta de Jesús, todos los sucesos de tu vida se mezclarán juntos, puestos a un calor intenso, y te levantarás. Así como un pastel no sería igual si dejas fuera algunos de los ingredientes, del mismo modo Jesús quiere usar todas las experiencias de tu vida para hacerte completa y capaz de ser usada para su gloria.[4]

Una mujer confiada le pide a Dios que haga nacer el ministerio mediante sus cargas al satisfacer sus necesidades y luego busca maneras de unirse a é para satisfacer las necesidades de otros que están pasando por algo similar. Ella sabe que Dios puede usar su quebrantamiento para hacer algo bello porque las grietas dejan que su luz pase y que su agua viva se derrame. Pablo describe cómo funciona esto:

> Porque Dios, que mandó que de las tinieblas resplandeciese la luz, es el que resplandeció en nuestros corazones, para iluminación del conocimiento de la gloria de Dios en la faz de Jesucristo. Pero tenemos este tesoro en vasos de barro, para que la excelencia del poder sea de Dios, y no de nosotros. (2 Corintios 4:6–7)

Dios también usa las experiencias positivas de la vida para moldear nuestras vidas para el ministerio. Tengo una amiga que era coordinadora profesional de bodas. Ahora ofrece su experiencia en la iglesia para novias que necesitan ayuda pero que no pueden darse el lujo de una consultora profesional. Otra amiga tiene mucha experiencia viajando. Ofrece su tiempo de manera voluntaria para planificar viajes misioneros. Un planificador financiero cristiano que conozco sirve en el comité de benevolencia de su iglesia y ayuda a las madres solteras a desarrollar un presupuesto. También ayuda a determinar cuándo califican para ayuda de benevolencia.

¿Te ha permitido Dios experimentar algo mediante lo cual ahora puedes verles obrando bien en tu vida o en las vidas de otros? ¿Cómo puedes usar las experiencias únicas de tu vida para ministrar a las personas que conoces en el camino?

Una bella ofrenda

Dios diseñó a cada una de nosotras con el deseo de marcar una diferencia, y nos dotó para hacerlo a través de nuestra combinación única de personalidad, deseos, habilidades, dones y experiencias. Todo esto nos prepara para el papel que desempeñamos en la importante historia él ha estado escribiendo desde el principio de los tiempos. Cuando mis hijos eran más pequeños, jugaban durante horas y horas en nuestro patio, blandiendo espadas de plástico y palos, fingiendo que conquistaban villanos invisibles. Cuando era pequeña, me encantaba jugar a los disfraces. En dependencia del día, yo era o bien una princesa, una novia, o patinadora sobre hielo.

¿Te acuerdas de lo que fingías ser cuando eras niña? Me pregunto si de alguna manera todas nos estábamos preparando para el importante rol corazón que nuestros corazones anhelaban jugar en una historia de proporciones heroicas.

Antes de la creación del mundo Dios te escogió para estar en su historia, para ser adoptada como su hija, injertada en su familia, con un rol protagónico y usada para su propósito glorioso. Ser escogida significa que tienes algo especial que ofrecer y que puedes marcar una diferencia. Ya no estás aislada ni desconectada. Eres querida ¡y perteneces a una familia! Una mujer con un corazón confiado escoge creer que Dios quiere hacer un gran impacto mediante su vida y busca manera de dejar que lo haga.

Dios tomó una decisión y ahora te toca a ti. Mi oración es que escojas ser la mujer que él diseñó que fueras al rendirle tu vida como una bella ofrenda.

Si eres fiel a la persona que Dios diseñó que fueras, encontrarás la vida que siempre has querido: una vida de significado, propósito y confianza. Recuerda, Dios te conoce y te ama tal y como eres. ¡El único cambio que desea es que llegues a ser más como él para que llegues a ser más como tú!

Orar las promesas de Dios

Oh, Señor, tú me has examinado y conocido. Tú creaste mi ser y me entretejiste en el vientre de mi madre. Te alabo porque soy una creación admirable; tus obras son maravillosas y yo soy una de ellas. Ayúdame a dejar de compararme con otros para poder llegar a ser la mujer que tú diseñaste que fuera. Soy una de tus obras maestras, creada nueva en Cristo para poder hacer las cosas que tú planeaste para mí hace tanto tiempo. Recuérdame que tú prometes cumplir tu propósito en mí y que no abandonarás la obra de tus manos.

Rindo mi personalidad, los deseos de mi corazón, mis habilidades, dones espirituales y experiencias a tus propósitos. Me deleito en ti, Señor, y confío en que moldees los deseos de mi corazón para que coincidan con los tuyos. Quiero buscar y servir a Jesús en todo lo que hago, porque en él todo el cuerpo, bien concertado y unido entre sí por todas las coyunturas que se ayudan mutuamente recibe su crecimiento para ir edificándose en amor. En el nombre de Jesús, amén.

(Véase Salmo 139:1, 13–14; Efesios 2:10; Salmos 138:8; 37:4; 1 Corintios 12:18; Efesios 4:16.)

Preguntas para reflexionar y debatir

---

1. "La comparación nos hace competir unas con otras, pero nadie gana. Dios nunca tuvo la intención de que compitiéramos unas con otras, él quiere que nos completemos unas a otras, que nos celebremos y animemos en los puntos fuertes de cada una al tiempo que descubrimos la persona que él diseñó que fuéramos" (pág. 137). ¿En qué aspectos tiendes a comparte con otras y sientes que no está a la altura? ¿Qué leíste en este capítulo que puede ayudarte a liberarte de la trampa de la comparación?

2. ¿Qué tipo de personalidad te describe mejor? ¿Existe un segundo tipo de personalidad que también es fuerte? ¿Está contenta con la personalidad que Dios te dio? Si no, ¿qué quisieras tú que fuera diferente?

3. "Así como la diana se diseña para reducir el objetivo de una flecha, Dios usa los deseos de nuestros corazones para reducir el enfoque de dónde él quiere que nuestras vidas dejen una marca para la eternidad" (pág. 133). ¿Crees que Dios te creó con deseos y sueños únicos? Si sabes cuáles son, enuméralos.

4. ¿Cuáles son algunas de tus habilidades? Si eso es difícil de responder, enumeras cosas que otros te hayan elogiado por hacer bien.

5. ¿Cómo percibía a su maestro el siervo con la menor cantidad de talentos? ¿Alguna vez has sentido como que Dios no te dio tanto talento o habilidad como les dio a otros? ¿Alguna vez has enterrado tus habilidades porque pensaste que no importaban? ¿El no usar las habilidades que Dios te ha dado ha impactado tu sentido de propósito o tu relación con Dios? Si es así, ¿cómo?

6. Lee los versículos siguientes y resume lo que cada uno dice sobre la importancia de nuestros dones espirituales: 1 Corintios 12:1, 4–7, 11–12, 17–20. Estos versículos describen la importante de comprender y usar nuestros dones espirituales.

7. ¿Dios te ha permitido pasar por experiencias en las que puedes verlo obrando para bien en tu vida o en las vidas de otros? ¿Usas o usarás estas experiencias para ministrar a otras personas que conozcas en tu camino?

Sé que responder estas preguntas puede parecer mucha información para asimilar. Quizá te preguntas cómo tendrás tiempo para llegar a conocerte. Recuerda que llegar a conocerte es un proceso pero también una prioridad para Dios.

Tal vez puedes crear un mini-retiro de medio día para ti misma; o si estás en una etapa de la vida en la que eso parece imposible, dedica una hora cada semana durante un tiempo para revisar cada sección de este capítulo en detalle.

9

Cuando la duda susurra
"No puedo dejar de preocuparme"

Hace varios años llegué a un punto en el que estaba agotada por completo y lista para renunciar prácticamente a todo lo que estaba haciendo. Me preocupaban muchas cosas y eso me cansaba. Además me preguntaba si alguien se daba cuenta o apreciaba algo de lo que yo hacía, lo cual llevaba a sentimientos de frustración e irritabilidad. Mi esposo sugirió que me fuera durante un fin de semana para pasar tiempo a solas con Dios. Me imagino que la situación era bastante mala. ¿Qué hombre en su sano juicio manda de viaje a su esposa un fin de semana mientras él se ocupa de los hijos? Cuando mi amiga Jen me ofreció su casa junto a un lago en las montañas de Tennessee, le tomé la palabra.

La primera noche allí me quedé dormida pensando cómo pasaría tiempo al día siguiente en el portal, leyendo, anotando en mi diario y orando mientras miraba al lago rodeado de montañas. Lamentablemente, a la mañana siguiente mi personalidad tipo A le costó mucho relajarse.

Las cosas de la tierra me siguieron arriba, a la montaña. Me bombardeaban los pensamientos de todo lo que necesitaba hacer cuando regresara a casa y las cosas que podía hacer mientras estaba allí. Las distracciones y tentaciones competían por mi atención. *Si chequeas tu correo electrónico, podrás relajarte realmente. Y tu buzón estará vacío cuando llegues a casa. Mira, varias personas dejaron mensajes esta semana y no les has devuelto las llamadas. Pudieras hacer eso ahora y la lista quedará en blanco. Ese informe se vence la próxima semana. Pudieras terminarlo hoy, y entonces podrías enfocarte totalmente en Dios.*

Mi mente estaba dividida y mis pensamientos desperdigados en un montón de direcciones. Decidí huir de la tentación de mi computadora al dar una caminata con mi perro salchicha, que había llevado para que me protegiera de los osos y los ladrones. Le puse la correa, me tomé la medicina para la alergia y salí hacia afuera. Respirando aire puro, liberé mi estrés al hablar con Dios de todo lo que tenía en mi mente. Pronto el corazón empezó a tranquilizarse y me sentí relajada.

Cuando regresé a la casa, como una hora después, estaba estornudando y el asma me estaba molestando. No podía entender por qué. Estaba segura de haberme tomado la medicina de la alergia, sin embargo, cuando volví al baño para asegurarme, descubrí que mi pastilla para la alergia todavía estaba sobre el mostrador. Al lado había otro pomo con pequeñas pastillas blancas. Fue entonces cuando me di cuenta de que, en la locura de mis pensamientos ansiosos, me había tomado accidentalmente la medicina de mi perro para las convulsiones. ¡Afortunadamente solo pesa 12 libres, así que era solo una dosis de cinco miligramos. Después de recuperarme de mi incredulidad, me tomé la medicina para la alergia y salí para el portal con mi Biblia y un diario. A esas alturas no podía para de reírme. Miré al cielo y pegunté: "Señor, ¿parecía que me estaba dando un ataque?" Estoy bastante segura de haberle escuchado reír un poquito y decir: *Sí, hija, tus ondas cerebrales estaba provocando unos choques bastante graves.* En verdad no creo que Dios me hiciera tomarme la medicina de mi perro, pero sí creo que puede haberse reído conmigo por mi error. Cuando terminé de reírme, no obstante, pensé en cómo a veces me parece que me está dando un ataque. Mis pensamientos se dividen en muchas direcciones y pierdo el control de mi sistema de procesar los pensamientos, pero no me daba cuenta de cuán serio era hasta ese día. Me alegraba de haberme tomado el tiempo para aminorar la marcha y pedirle a Dios que me ayudara a descifrar "las cosas que necesitaban hacerse" que me estaba deshaciendo a mí.

Cuando las preocupaciones nos consumen

Con los tantos roles, responsabilidades y relaciones que tienes, ¿alguna vez te sientes abrumada? ¿Alguna vez las preocupaciones te hacen sentir cansada?

Incluso cuando estamos presentes de manera física en las tareas de hoy, nuestras mentes tienen a vivir en los problemas de mañana, ¿no es cierto? Antes de que nos demos cuenta, nuestras preocupaciones pueden consumirnos. Mientras estaba sentada en el portal hablando con Dios y escribiendo, él me recordó a una mujer de la Biblia que también estaba, muy consumida por sus preocupaciones, como yo. Como yo, quizá tú estés familiarizada con su historia. Si es así, espero que no le pases por encima sino que me acompañes a buscar nuevas verdades en un antiguo pasaje. Visitemos juntas la casa de María y Marta y veamos lo que podemos aprender:

Aconteció que yendo de camino, entró en una aldea; y una mujer llamada Marta le recibió en su casa. Esta tenía una hermana que se llamaba María, la cual, sentándose a los pies de Jesús, oía su palabra. Pero Marta se preocupaba con muchos quehaceres, y acercándose, dijo: Señor, ¿no te da cuidado que mi hermana me deje servir sola? Dile, pues, que me ayude. Respondiendo

Jesús, le dijo: Marta, Marta, afanada y turbada estás con muchas cosas. Pero sólo una cosa es necesaria; y María ha escogido la buena parte, la cual no le será quitada. (Lucas 10:38–42)

Yo solía defender a Marta pensando: *Bueno, nadie la estaba ayudando, claro que estaba molesta. Alguien tenía que estar en la cocina. ¿Quién iba a cocinar y lavar los platos?* Entonces un pastor me dijo que era probable que hubiera sirvientes en quienes Marta podría haber delegado. Fue entonces cuando supe que ella tenía problemas de control. Muy pocas lo admitiremos, pero creo que todas tenemos algo de maniáticas de control que se descontrola cuando nos preocupamos y cansamos demasiado.

¿Alguna vez te has percatado de que cuando las circunstancias en tu vida parecen estar fuera de control, comienzas a esforzarte mucho más para controlar cosas como tus hijos, tu esposo o el desorden en tu casa? Una noche empezó a darme un ataque porque mi hijo de 15 años no había guardado la ropa limpia. Se quedó apilada sobre su tocador durante toda una semana y le había tirado encima ropa sucia. Cuando le pedí que limpiara su cuarto, acabó poniendo la ropa limpia y doblada en el cesto junto con la ropa sucia.

Había sido uno de esos días en que la vida parecía fuera de control y nada salía bien. Dejé que mis frustraciones se volcaran sobre mi hijo. Mis palabras eran ásperas y mi reacción fue exagerada. Lo que dije no estuvo mal, pero como lo dije sí. Ahí estaba yo, tratando de controlar algo, pero ahora el algo me controlaba a mí. Entonces no pude dormir esa noche porque me sentía mal por haber criticado tanto a mi hijo, lo cual solo añadió a mis preocupaciones y me cansó más todavía. ¿Alguna vez te has visto en ese círculo vicioso?

Muchas cosas

Jesús le dijo a Marta que estaba "afanada y turbada…con muchas cosas". Me pregunto si ella ni siquiera se dio cuenta. Hay ocasiones en las que no me doy cuenta de que estoy preocupada. Mi mente está preparada para pensar mucho así que me acostumbro al remolino constante de movimiento en mi cerebro. La preocupación poco a poco comienza a colarse y, cuando vengo a ver, hay conmoción en mi corazón, el cuello se me pone tenso, la mente no cambia de velocidad y las pequeñas preocupaciones se convierten en preocupaciones enormes.

Con demasiada frecuencia en lugar de hablar con Jesús, creo que comenzamos a hablar con nosotras mismas en nuestras cabezas hasta que nuestra acumulación de inquietudes se convierte en preocupaciones. Sin embargo, Jesús nos invita a ir a hablar con él. Él promete un lugar de descanso para nuestros corazones inquietos. Él dice: "Venid a mí todos los que estáis trabajados y cargados, y yo os haré descansar" (Mateo 11:28).

Cuando hice una encuesta entre las mujeres en mi sitio web, pidiéndoles que describieran las "muchas cosas" por las que se preocupan, sus respuestas incluyeron:

- "Cómo voy a hacerlo todo. Me quedo en la cama acostada con todos estos pensamientos pasando por mi cabeza acerca de todo lo que hay que hacer. Siempre como si siempre estuviera tratando de ponerme al día."
- "Me preocupo por las finanzas, por lo que la gente piensa de mí. Me preocupo por mis hijos y sus decisiones."
- "Me preocupo por cualquier cosa que no puedo controlas, así que básicamente me preocupo por todo. El dinero, la crianza de los hijos, la seguridad de mis seres queridos."
- "Soy una madre soltera con dos hijos. Me preocupo por las finanzas, por perder mi trabajo en la economía actual, y por criarlos sin una influencia masculina piadosa."

- "Me preocupa que nunca venceré mis pecados y encontraré victoria en mi vida."
- "Me preocupo por naturaleza. Creo que mis mayores preocupaciones son de índole personal.

Al parecer puedo confiar en Dios con las peticiones de oración de todos los demás, y saber y creer que é está obrando a su favor, pero cuando se trata de mis preocupaciones, parecen multiplicarse y volverse más grande que la realidad."
Una y otra vez las mujeres mencionaron las finanzas, el matrimonio, los hijos y la salvación de los seres queridos. ¿Cuáles son las muchas cosas que te han sentirte preocupada y cansada? Toma unos minutos ahora para anotarlas en un papel.

Pero si yo no me preocupo, ¿quién lo hará?

Solía pensar que si no me preocupaba por algo, entonces Dios tampoco se preocuparía. ¿Alguna vez has pensando que si dejas de pensar en un problema se saldrá de la pantalla del radar de Dios? Tal vez nos vemos como asistentes de Dios, recordándole las cosas que tiene su lista cada día. Creo que Marta debe haber tenido esa mentalidad, pero sus preocupaciones no cambiaron nada, excepto la condición de su corazón y la atmósfera de su hogar, y el cambio no fuera para bien.
En su libro *Acércate sediento*, Max Lucado comparte sus pensamientos acerca de la preocupación:

¿Cuándo fue la última vez que resolviste un problema con preocuparte al respecto? Imagina que alguien diga: "Me atrase con el pago de las cuentas así que decidí preocuparme para salir de las deudas. ¡Y funcionó! Unas pocas noches sin dormir, un día vomitando y retorciéndome las manos. Les grité a mis hijos, me tomé unas pastillas y, gloria a la preocupación, ¡apareció dinero en mi escritorio".

¡No sucede así! La preocupación no cambia nada. No le puedes añadir un día a tu vida ni un poquito de vida a tu día al preocuparte. La ansiedad te produce acidez, más nada. Con respecto a las cosas por las que nos inquietamos:

- 40 por ciento nunca sucede
- 30 por ciento es con relación a cosas del pasado que no se pueden cambiar
- 12 por ciento se enfoca en las opiniones de los demás, que no podemos controlar
- 10 por ciento se centra en la salud personal, que solo empeora cuando nos preocupamos por ella
- 8 por ciento se relaciona con problemas reales sobre los que podemos influir.[1]

Si solo el 8 por ciento de nuestras preocupaciones son problemas sobre los que podemos influir, ¿por qué pasamos tanto tiempo preocupándonos? Creo que es porque nos resulta difícil confiar en Dios por completo. Además tenemos un enemigo que quiere convencernos de que solos los únicos que podemos cambiar las cosas. Él quiere que dudemos de la soberanía de Dios y cuestionemos su habilidad para cuidar de nosotros. El enemigo nos convence de que necesitamos preocuparnos por las personas y problemas en nuestras vidas porque Dios tiene cosas más grandes por las cuales preocuparse. Él tiene que preocuparse por la paz mundial y la crisis de la atención médica. Él está ocupado. La guerra en el Medio Oriente es mucho más importante que la guerra que tenemos con nuestras preocupaciones, ¿no es cierto?

La preocupación nos roba

Jesús nos advierte en Juan capítulo 10 que nuestro enemigo es un ladrón. Uno de sus intentos de robo más eficaces es mediante una cadena de pensamientos preocupantes. Necesitamos reconocer sus estratagemas y comprender los efectos que tienen en nosotros.

- La preocupación nos roba físicamente, nos deja exhaustas.
- La preocupación nos roba emocionalmente, nos deja ansiosas.
- La preocupación nos roba mentalmente, nos deja desenfocadas.
- La preocupación nos roba espiritualmente, nos deja vacías.

Cuando me siento exhausta, ansiosa, desenfocada y vacía, puedo comenzar a dudar de mí fácilmente. Carezco de energía para lidiar con mis sucesos cotidianos y solo quiero huir. Me siento abrumada con una sensación de incertidumbre.

- Dudo de poder manejar mi vida.
- Dudo de poder escuchar a Dios claramente.
- Dudo de poder hacer todo lo que Dios me ha llamado a hacer.

La preocupación también nos roba la confianza en que Dios observa y se interesa en los detalles de nuestra vida. ¿Recuerdas cómo Marta cuestionó si a Jesús le importaba que su hermana la hubiera dejado sola en la cocina haciendo todo el trabajo? ¿Alguna vez te preguntas si Dios observa y e interesa en las cosas que tienen que ver contigo: cómo lo harás todo, cómo pagarás las cuentas, cómo recibirán tus hijos el que regreses a trabajar y no pases tanto tiempo con ellos?

Dios se da cuenta y se interesa. Solo escucha las palabras que hizo que el rey David usara para describir cuán bien te conoce. Leámoslas en voz alta:

Oh Señor, has examinado mi corazón y sabes todo acerca de mí.

Sabes cuándo me siento y cuándo me levanto;
conoces mis pensamientos aun cuando me encuentro
lejos.
Me ves cuando viajo y cuando descanso en casa.
Sabes todo lo que hago.
Sabes lo que voy a decir
incluso antes de que lo diga, Señor.
Vas delante y detrás de mí.
Pones tu mano de bendición sobre mi cabeza.
(Salmo 139:1–5 NTV)

La preocupación también nos roba la paz en nuestras relaciones con otros. Marta no solo cuestionó a Dios, ¡estaba enojada con su hermana! A mí también me ha pasado. Cuando las responsabilidades y esfuerzos me abruman, muchas veces me frustro con aquellos a quienes más quiero. Le he dicho a mi esposo: "¿No te importa? ¿No has visto todo lo que estoy haciendo? ¿Por qué no me ayudas?" Eso es justo lo que el enemigo quiere. Jesús advirtió que el enemigo "solo viene a robar, matar y destruir" (Juan 10:10). Él quiere robarnos el descanso y destruir nuestras relaciones con Dios y con los demás. Él es un ladrón y se llevará más que nuestra paz si lo dejamos.

Vivir en medio de lo imposible

Al aprender de la historia de Marta y relacionarla con nuestra propia historia, nos damos cuenta de que ella tenía un banquete. Sus preocupaciones eran simples si las comparamos con las cosas más duras que pudiéramos estar pasando. Así como Jesús ayudó a Marta a ver lo que sus preocupaciones le estaban haciendo, él quiere hacer lo mismo con nosotros, independientemente de cuál sea nuestra situación.

Nuestra familia ha pasado por el año más difícil de nuestras vidas: una buena amiga y madre de tres niños pequeños murió de cáncer de mama, cambiamos la escuela de nuestros hijos, adoptamos una bebé de Etiopía, nuestro hijo de 12 años contrajo el virus de la fiebre porcina una semana antes de irnos para África y todos nos enfermamos mucho estando allá. Al mismo tiempo, nuestra hija adoptiva de diez meses, Aster, tenía neumonía y no quería saber nada de nosotros. Después de viajar 30 horas para llegar a casa con nuestra nueva familia de cinco, por fin comenzamos a ajustarnos a la vida con dos hijos varones, uno entrando a la adolescencia y el otro ya adolescente, y un bebé.

Un mes después ingresaron a mi mamá con coágulos de sangre en los pulmones, una infección renal y un cálculo en el riñón que llevaba cirugía. Después se mudó a vivir con nosotros. Mi papá tuvo cirugía a corazón abierto un mes después, y yo tuve una mamografía anormal que llevó a una biopsia. Todo esto sucedió en seis meses. Cuando por fin pude volver a poner los pies en la tierra, empecé a escribir un libro mientras además viajaba para hablar en eventos, todo lo cual se había contratado antes de que supiera que nada de esto iba a suceder. Hay mucho más que pudiera contar pero no creo que pueda seguir describiendo. En esencia yo estaba viviendo en medio de un imposible.

Yo creía que estaba manejándolo bien, aunque había tenido algunas crisis. Por fin me di cuenta de que me estaba afectando más de lo que yo reconocía. No podía concentrarme en nada, mi memoria estaba desapareciendo y fluctuaba entre sentirme adormecida y alterada.

Recuerdo decirle a mi esposo que me sentía como si tuviera quince personas en mi cabeza hablando a la misma vez. Eso era muy extraño en mí. Decidí ir al internet y hacer una evaluación de ADD (trastorno por déficit de atención), donde saqué un índice muy alto y me convencí de que ese era el problema. No tenía tiempo para ir al médico así que decidí cambiar mi dieta y hacer lo mejor que pudiera para manejar mi vida.

El día que perdí los estribos

—¿Dónde está el cochecito? —preguntó mi mamá mientras yo cambiaba el pañal de Aster.

—¿El cochecito? No sé. Yo pensé que tú lo tenías.

—No, no estaba en el auto el viernes cuando lo necesité.

Me había ido el viernes en la mañana para hablar en un evento de mujeres en Illinois, así que supuse que mi esposo lo había usado, pero él dijo que también estuvo buscándolo. Yo estaba perpleja. Lo tenía cuando fui de compras con Aster le jueves antes de irme. Supongo que después haber puesto a Aster en su asiento del auto, se me olvidó regresar a poner el cochecito dentro del auto. Estaba estacionada frente a un edificio, así que salí dando marcha atrás sin siquiera ver mi cochecito. Ni me había dado cuenta de que no estaba.

Quisiera poder decir que esa fue la única cosa que perdí. Esa misma semana almorcé con una amiga. Ella oró y luego se levantó a buscar algo. Cuando regresó, le pedí que orara antes de que empezáramos a comer. Solo habían pasado tres minutos, y se me había olvidado por completo que habíamos orado. Entonces fui a la tintorería a recoger unas cosas. Cuando me levanté al día siguiente me di cuenta de que lo había pagado pero me había marchado sin mis ropas cubiertas de plástico. Me parecía que estaba perdiendo la cabeza.

Fue entonces que decidí llamar a mi médico y hacer una cita para que me recetara medicinas para el ADD en adultos. Ella me vio al día siguiente y escuchó mientras yo le describía el año que habíamos tenido. Le conté mi diagnóstico y luego ella comenzó a hacer preguntas:

"¿Estás triste? ¿Está teniendo problemas para dormir? ¿Sientes presión en el pecho? ¿Dolores de cabeza u otros dolores?"

Lloré cuando ella me preguntó si estaba triste. Estaba muy triste por estar perdiendo la memoria y mi capacidad mental. Tenía que escribir un libro, una bebé que cuidar y realmente necesitaba la mente. Las compuertas se abrieron cuando le respondí "sí" al resto de sus preguntas. Lo que sucedió después de me dejó en shock.

Mi doctora me miró y me dijo: "Renee, la gente no empieza a padecer de ADD a los 40 años. Creo que has desarrollado una ansiedad provocada por el estrés y llevas así tanto tiempo que ahora tienes una depresión por ansiedad".

Las lágrimas corrían por mis mejillas mientras yo trataba de convencerla de que no estaba deprimida. Yo pasé por la depresión cuando tenía veintitantos años. Sabía cómo era. Esto no era lo mismo. No quería suicidarme, aunque estaría muy feliz si Jesús regresaba pronto. No me quedaba todo el día en la cama, aunque estaba exhausta constantemente.

Ella me contó que esto era diferente y me pidió que probara un medicamente nuevo para ver si me ayudaba. Trató de hacerme sentir mejor al decirme que muchas otras mujeres de mi edad que ella veía cada semana estaban pasando por lo mismo, pero igual yo no quería escuchar lo que ella estaba diciendo.

Sin embargo, les había pedido a amigas que oraran para que Dios le mostrara a mi doctora qué andaba mal. Sabía que ella era cristiana y sentía que él quería yo confiara en el Espíritu Santo que estaba en ella. Ella me mostró amor con sus palabras y yo me daba cuenta de que sinceramente quería ayudarme. Me preguntó si podía orar por mí y cuando puso sus manos sobre mis hombros, sentía la paz y la seguridad de Dios.

La fortaleza de mi corazón

Seguí cuesta abajo durante dos semanas más, antes de comenzar a sentirme mejor. No solo me sentía abrumada, triste y ansiosa, me sentía perdida en un laberinto de pensamientos. Me preguntaba por qué Dios permitía que esto sucediera después de todo lo que ya yo había pasado. Sentía que los pies se me resbalaban. El autor del Salmo 73 escribió palabras que se hacían eco de mis sentimientos: "En cuanto a mí, casi se deslizaron mis pies; Por poco resbalaron mis pasos." (v. 2).

Como el salmista, perdí la perspectiva por un momento mientras observaba a otros que estaban bien a pesar de sus propias vidas con problemas. Me preguntaba cómo y por qué yo había caído en esta foto. Sabía que solo el poder de Dios en mí, y que yo pusiera toda mi confianza en él, podría hacerme parar otra vez en tierra firme.

Como el escritor del Salmo 73, yo tenía que cambiar mi enfoque y ponerlo en el único lugar donde podría encontrar la seguridad y la fortaleza que necesitaba: mi relación con Dios.

Con todo, yo siempre estuve contigo;
Me tomaste de la mano derecha.
Me has guiado según tu consejo,
Y después me recibirás en gloria.
¿A quién tengo yo en los cielos sino a ti?
Y fuera de ti nada deseo en la tierra.
Mi carne y mi corazón desfallecen;
Mas la roca de mi corazón y mi porción es Dios para
siempre. (vv. 23–26)

Me encanta cómo el reemplazó su confusión y derrota con el refugio de la fortaleza y el consuelo de Dios.

¿Puedes recordar alguna ocasión en la que sentías como que tus pies resbalaban? ¿Has pasado por épocas de estrés que te han llevado a la ansiedad y la depresión? Te cuento mi historia para que sepas que no estás sola. La preocupación puede tener efectos secundarios graves. A veces cuando nuestros cuerpos soportan temporadas constantes de estrés prolongado, la química de nuestro organismo pierde el balance. Algunas personas pueden recuperarse al hacer cambios en su estilo de vida, mientras que otras necesitan medicamentos.

Dios nos hizo. Él es el Gran Médico. Creo que él les dio a los médicos sabiduría y si estamos bajo el cuidado de ellos y buscando consejo cristiano, podemos confiar en que dios nos ayudará también mediante ellos.

Desequilibrada

Para mí era más que un desbalance químico. Mi corazón también estaba desbalanceado. Había pasado por tantos cambios emocionales y tormentas espirituales intentas, había tanta presión en mí por todas partes que no sabía cómo disminuir la marcha y procesarlo todo con Dios, tan profundamente como fuera necesario. Aunque estaba orando, escribiendo en mi diario y leyendo mi Biblia, mi tiempo con él era más bien algo tipo comida rápida que la cena de cinco platos que mi alma necesitaba. Cuando pasaba tiempo con Dios, era yo la que más hablaba. Necesitaba equilibrarlo al pasar más tiempo escuchando a Dios y dejando que su perspectiva moldeara la mía.

María, se sentó a los pies de Jesús, *escuchando* lo que él decía; pero Marta no. En lugar de ir a Jesús con un corazón que escuchaba, Marta fue a Jesús con un corazón que "enumeraba". Primero enumeró sus preguntas y luego sus instrucciones. Yo vivía con una lista interminable de cosas por hacer y problemas que necesitaba que Dios resolviera. Lamentablemente en demasiadas ocasiones mi lista se convertía en el enfoque de mi tiempo con Dios.

La Biblia nos enseña que vayamos a Dios con todas nuestras preocupaciones, incluso cuando tengamos una larga lista. La diferencia es que le damos nuestras listas y nuestros corazones diciendo: "Señor, esto es lo que está en mi mente. Esto es lo que me preocupa", pero en lugar de decirle qué hacer, nos detenemos y decimos: "Señor, ¿qué hay en tu corazón? ¿Qué piensas en cuanto a mí?". Y luego, escuchamos. Cuando encontramos el equilibrio entre hablar con Dios y escucharle, entonces estamos listas para oír lo que él tiene que decir.

¿Son las promesas de Dios lo suficientemente grandes para mis problemas?

En Filipenses 4 Pablo nos da la receta para la paz de Dios en medio de nuestros problemas. Primero, nos recuerda que el Señor está cerca. Luego nos ordena:

No se preocupen por nada; en cambio, oren por todo.

Díganle a Dios lo que necesitan y denle gracias por todo lo que él ha hecho. Así experimentarán la *paz* de Dios, que supera todo lo que podemos entender. La *paz* de Dios cuidará su corazón y su mente mientras vivan en Cristo Jesús. (vv. 6–7 NTV, cursivas de la autora)

¡Esa sí que es una promesa grande! Cuando mis preocupaciones me cansan, necesito guardar mi corazón y mi mente con su paz mientras me coloco en Jesús y vivo en la seguridad de su soberanía. Vamos a desglosar los pasos que Pablo nos da para obtener la paz de Dios:

- Dejar de preocuparnos: Apretemos el botón de pausa en las preocupaciones que nos consumen.
- Comenzar a orar: Hablemos con Dios sobre todo lo que estamos haciendo y preguntémosle si hay algo que necesitamos quitar para tener tiempo de buscarle en la misma medida en que le servimos a él y a otros.
- Seguir agradeciendo a Dios: Dar gracias a Dios por lo que ha hecho en el pasado y lo que hará en el futuro. Esto nos ayuda a recordar cuán bueno él es en su papel de Dios.

Parece muy posible de hacer, pero ¿por qué es tan difícil? Creo que es porque el ladrón susurra lo contrario. Él dice: "No estés tranquila por nada; en cambio, preocúpate por todo. Dile a Dios lo que debe hacer. Entonces toma tú el control si él no escucha. ¡Y las preocupaciones que consumen tus pensamientos devorarán tu paz mientras retuerces tus manos y dejas que la ansiedad y al duda te roben el gozo!" Lamentablemente lo escuchamos, ¿verdad?

En la NVI el versículo 7 dice: "Y la paz de Dios, *que sobrepasa todo entendimiento*, cuidará sus corazones y sus pensamientos en Cristo Jesús" (cursivas de la autora). ¿No sería maravilloso si dijera que la paz de Dios sobrepasa mi *necesidad de entender*? Creo que yo podría aceptar más fácilmente lo que Dios está haciendo si él me ayudara a entender por qué lo está haciendo. Pero Dios no promete entendimiento; él promete paz en medio de no entender. Su cercanía puede ser nuestro bien, y encontrar un refugio de paz en él puede ser nuestra meta (Salmo 73:28).

Dios no solo quiere darnos una paz que sobrepasa nuestro entendimiento, quiere sobrepasar nuestra necesidad de entender con promesas que son mayores que nuestros problemas. El Salmo 55:22 nos dice: "Echa sobre Jehová tu carga, y él te sustentará". Saquemos ahora nuestras listas de las "muchas cosas" que te pedí antes que hicieras y entreguemos esta carga a Jesús. Entonces lee en voz alta las promesas que aparecen debajo y permite que Dios reemplace tus preocupaciones con su paz.

- "Me mostrarás la senda de la vida; En tu presencia hay plenitud de gozo; Delicias a tu diestra para siempre" (Salmo 16:11).
- "Jehová es mi pastor; nada me faltará." (Salmo 23:1).
- "Muéstrame, oh Jehová, tus caminos; Enséñame tus sendas. Encamíname en tu verdad, y enséñame, Porque tú eres el Dios de mi salvación; En ti he esperado todo el día." (Salmo 25:4–5).
- "El que habita al abrigo del Altísimo, Morará bajo la sombra del Omnipotente. Diré yo a Jehová: Esperanza mía, y castillo mío; Mi Dios, en quien confiaré'" (Salmo 91:1–2).
- "Si anduviere yo en medio de la angustia, tú me vivificarás; Contra la ira de mis enemigos extenderás tu mano, Y me salvará tu diestra" (Salmo 138:7).
- "El Señor llevará a cabo los planes que tiene para mi vida, pues tu fiel amor, oh Señor, permanece para siempre. No me abandones, porque tú me creaste" (Salmo 138:8 NTV).

A veces tengo que darle órdenes a mi corazón

Sorprendía mi corazón yendo al foso del desánimo durante las vacaciones de primavera, en mi año de "imposibles". Se suponía que fuera a la playa con mi familia y conmigo, pero no estaba cooperando. Tengo la impresión de que Marta hubiera entendido. Es probable que ella tuviera una idea de cómo sería el banquete y cuánto lo disfrutaría. Pero entonces nada salió como lo había planificado, y su corazón cayó en el pozo. ¿Te percataste de cómo Marta comenzó a darle órdenes a Jesús? Cuando se enojó porque María no estaba en la cocina, fue donde Jesús y le dijo: "¡Dile que me ayude!" Reconozco que yo también tengo la tendencia a ser un poquito más mandona cuando estoy estresada y preocupada. Sin embargo, he aprendido que en lugar de dar órdenes a los demás, necesito darle órdenes a mi corazón. No tengo que caer en el foso del desánimo ni arrastrar a otros conmigo. Eso nunca es parte del plan de Dios, ni del mío.

El rey David era muy bueno para decirle a su corazón y su alma qué hacer. En el Salmo 103 é dijo: "Bendice, alma mía, a Jehová, Y bendiga todo mi ser su santo nombre" (v. 1). Durante las vacaciones de primavera, decidí seguir su ejemplo en medio de mis problemas. Aunque una amiga íntima había descubierto que podría tener cáncer en los ovarios, nuestro aire acondicionado se rompió, los impuestos eran muchos más altos de lo que esperábamos, y nuevamente no pude cumplir con la fecha de entrega de mi libro, le dije a mi alma que alabara al Señor.

Esto no fue una conversación superficial con mi alma del tipo "ora a la hora de dormir". No, esto fue una predicación profunda a lo más íntimo de mi ser, un sermón del tipo DIOS ES BUENO sea lo que sea. Le di órdenes a mi corazón con la verdad de Dios y lo saqué del foso al decirle "no olvides ninguno de sus beneficios" (Salmo 103:2).

Entonces hice que mi corazón recorriera la memoria y le recordé a aquel:

...quien perdona todas tus iniquidades, El que sana
todas tus dolencias;
El que rescata del hoyo tu vida, El que te corona de
favores y misericordias;
El que sacia de bien tu boca
De modo que te rejuvenezcas como el águila. (Salmo
103:3–5)

Independientemente de cuál fuera el diagnóstico de mi
amiga, cuánto costara nuestro aire acondicionado roto, cuánto debiéramos en los impuestos, o cuánto demorara la publicación de mi libro, mi alma tenía que alabar al Señor. Sabía
que Dios quería que en lugar de preocuparme, lo adorara al
recordar y enfocarme en todo lo que él ha hecho, estaba haciendo, y haría en mi vida mientras yo confiara en él.

Discernir entre las cosas buenas y las cosas de Dios

A veces no sabemos ni qué decirle a nuestros corazones que
hagan. A menudo esperamos más de nosotros de lo que Dios
espera. Las "muchas cosas" de Marta parecían cosas buenas:
ella quería servir a Jesús y a sus amigos. Pero sus cosas buenas no eran todas las cosas buenas Dios para ella ese día. A
veces podemos adquirir la costumbre de servir a Dios más
de lo que lo buscamos, y terminamos distraídas y agotadas.
¿Alguna vez te ha pasado?

Mi esposo y yo habíamos orado por todos nuestros compromisos e hicimos grandes recortes antes de adoptar a Aster y
firmar el contrato para el libro. Sin embargo, en retrospectiva,
vemos que a medida que las crisis inesperadas llegaron, una
detrás de otra, debemos haber recortado aún más.

Tenemos la tendencia a esperar demasiado de nosotras mismas y pensar que podemos hacer más de lo que es realista, pero
también aprendemos más de nuestros mayores errores. Créeme,
aprendí una gran lección y oro para no olvidarla nunca. Dios
me enseñó mucho acerca de los límites y el establecer límites
saludables. A pesar de que yo estaba haciendo cosas buenas,

no toda eran las cosas de Dios para mí durante esa temporada. Martha estaba más centrada en servir a Jesús que en buscar a Jesús. Pero Jesús le dijo que sólo había una cosa que ella necesitaba. María había escogido esa cosa, una cosa mejor. No es que la elección de Marta fuera mala. Es que María eligió lo que no se lo podría quitar: pasar tiempo con Jesús.

Pasar tiempo con Jesús

Yo solía pensar que ser una mujer piadosa era levantarse temprano para pasar tiempo con Jesús orando y leyendo la Biblia. El único problema es que yo no proceso los pensamientos o palabras temprano en la mañana. Me condenaba con la culpa por estar distraída y aturdido. Un día Dios interrumpió mis pensamientos con esta idea: *Renee, yo te hice. Sé que no eres una persona madrugadora. Sé que te gusta la variedad. Yo te creé, así que ponte de acuerdo conmigo. Pasa tiempo conmigo al comienzo de tu, tan pronto como puedas, pero no creas que tiene que ser en el mismo momento y lugar una y otra vez.*

Desde ese momento, mi tiempo con Dios ha sido más aventurero y agradable. Trato de que sea en la mañana. Si empiezo mi día escuchándole y hablando con él, cuando él susurra algo a mi espíritu durante el día, puedo discernir su voz más claramente. Es como si hubiera limpiado el desorden en mi mente y preparado mi corazón para oír su voz.

A menudo las mujeres me preguntan cómo encuentro tiempo para pasar con Jesús, y lo que hago durante ese tiempo. En primer lugar, no encuentro el tiempo, elijo el tiempo. Pasar tiempo con Dios es una prioridad, y cuando mi vida está realmente ocupada, en realidad lo programo en mi calendario. Aquí te ofrezco algunas ideas que podrían ser útiles.

Planifica una cita

Escoge un momento cada día para pasarlo con Jesús. Así como con cualquier otra relación que valoras, tienen que ser intencional y planificar un tiempo juntos. No será simplemente sentarte en el sofá a leer la Biblia. Asegúrate de planificar una cita.

Pon expectativas realistas

Si apenas estás comenzando, empieza con diez o quince minutos y ve aumentando. Cuanto más tiempo pases con Dios, más querrás pasar con él, poco a poco. Planea una devoción más corta para la mañana cada día y un estudio más extenso de la Palabra de Dios en momentos durante la semana cuando tengas menos interrupciones.

Crea un espacio para dos

Tengo una silla en mi dormitorio donde puedo alejarme de las distracciones para reunirme con Jesús. Mantengo mi Biblia, mi diario, una pluma, un cuaderno pequeño, y mi estudio bíblico o libro de lecturas diarias en una cesta junto a mi "silla de Jesús". Si salgo corriendo por la puerta y no pasé tiempo con Jesús por la mañana, me lo imagino esperando que yo vuelva. Sé que Jesús está siempre conmigo y vive en mí, pero me ayuda imaginar que é quiere pasar tiempo conmigo.

Lee la Palabra de Dios

Todo lo que necesitas saber de Dios está en su Palabra. Si nunca has leído la Biblia, te animo a comenzar por el evangelio de Juan y así llegar a conocer a Jesús. Luego lee el Nuevo Testamento.

Anota lo que Dios te muestra

Hemos hablado acerca de llevar nuestros pensamientos cautivos y escuchar la verdad de Dios por encima de las mentiras de Satanás, pero no sabremos qué es verdad si no hemos pasado tiempo con Dios y grabado las Escrituras que él nos ha mostrado. Asegúrate de tomar tiempo para escribir lo que él te está mostrando, o puedo prometerte que no te acordarás después.

Utiliza la Escritura para iniciar la conversación

Me encanta usar las Escrituras para iniciar mis conversaciones con Dios. Como hemos visto, cuando oramos la Palabra de Dios para nosotras mismas o insertamos los nombres de los demás, podemos estar seguras de que estamos orando la voluntad de Dios.

Medita en la fidelidad de Dios

En mi diario, también anoto pensamientos y oraciones. Periódicamente leo mi diario para reflexionar en lo que Dios ha hecho. Muchas veces ni siquiera me acuerdo de lo que había orado. Si no anoto en el diario, no recuerdo todo lo que Dios ha hecho. Cuando me encuentro en una lucha, puedo aferrarme a la fidelidad de Dios al leer mi diario y reflexionar en cómo él ha cumplido una y otra vez.

Algunos días me siento con Jesús y hago todas estas cosas. Otros días salgo a correr por la mañana y escucho mi Biblia en audio [GoBible Traveler].[2] Entonces hablo con él y escucho a su Espíritu hablar al mío mientras camino de regreso a casa. A veces traigo mis tarjetas que tienen versículos escritos y oro estos en voz alta. También me gusta mirar el cielo y enfocarme en mi Creador, dándole gracias por el don de la belleza en la naturaleza.

Antes de que tus preocupaciones te agoten o tus inquietudes te consuman, oro que reconozcas lo que está sucediendo y le pidas a Jesús que te dé un lugar de descanso para tu agitado corazón. Cuando las cosas que deseas controlar empiecen a controlarte, pídele a Dios que te ayude a soltarlas y confiar en que él tiene el control. Espero que programes las fechas durante los próximos treinta días para pasar tiempo con Jesús. Encuentra un lugar donde disfrutes estar con él.

Cuando te sientas preocupado, habla con Jesús en vez de hablar contigo misma. En lugar de dar órdenes a otros a tu alrededor, da órdenes a tu corazón al recordarle quién es Dios, y cuán bueno es en su papel de Dios. Recuerda que más que simplemente servirle Él, Dios quiere que le busques. Él quiere que te sientes con él para darte su punto de vista y llenar tu corazón con confianza en su presencia todos los días.

Orar las promesas de Dios

Examíname, oh Dios, y conoce mi corazón; pruébame y conoce mis pensamientos. Ve si hay en mí camino de perversidad, y guíame en el camino eterno. Cuando las preocupaciones me consuman, recuérdame que tú estás conmigo, que me sostienes de la mano derecha y me guías con tu consejo. Aunque mi carne y mi corazón desfallecen; tú eres la roca de mi corazón y mi porción para siempre. Ayúdame a entregarte mis cartas, sabiendo que tú cuidas de mí. Porque tú eres mi pastor, nada me faltará. Tú prometes que cuando moro al abrigo del Altísimo, puedo descansar en la sombra del Omnipotente. Tú eres mi refugio y mi fortaleza, mi Dios en quien confío. Aunque pase por la angustia, tú me vivificarás. Extiendes tu mano contra mis enemigos y con tu derecha me salvas. Gracias por darme a conocer el camino de la vida y llenarme de gozo y paz en tu presencia. En el nombre de Jesús, amén.

Ver Salmos 139:23–24; 73:23–26; 55:22; 23:1; 91:1–2; 138:7; 16:11.

Preguntas para reflexionar y debatir

1. ¿Cuán a menudo te sientes exhausta, ansiosas, desenfocada o vacía?
2. Cuando te sientes abrumada, ¿alguna vez las preocupaciones te consumen? Si es así, ¿cómo ocurre eso en tu cabeza y tu corazón?
3. ¿Alguna vez te sorprendes preguntándote si Dios se da cuenta de todo lo que estás haciendo? ¿Alguna vez

dudas de que puedas hacer todo lo que él te ha llamado a hacer? ¿Existen cosas en tu vida que él pudiera no esperar o querer que estés haciendo?

4. Si Jesús hubiera venido a tu casa esta semana, ¿hubieras podido dejar a un lado ropa sin lavar, platos sucios, o correos electrónicos sin responder si él quisiera hablar contigo? Imagina que le escuchas decir: "Estás inquieta y preocupada por muchas cosas". ¿Cuáles fueron algunas de tus muchas cosas?

5. ¿Qué harás en los próximos 30 días para pasar un tiempo con Jesús cada día? ¿Hay alguien a quien puedas pedirle que te ayude o que te pida cuentas por esto, de manera que puedas escuchar más atentamente los planes de Dios para ti, descansar en sus promesas y experimentar su paz?

6. ¿A cuál de las promesas de Dios que aparecen en este capítulo te aferrarás para no perder el equilibrio, resbalar y caer en un foso de desánimo?

7. ¿Cómo puedes pasar de ir a Dios para enumerarle cosas a ir donde él con un corazón que escucha? ¿Qué cosas prácticas puedes hacer para escuchar a Dios en medio de la vida atareada que llevas (caminar, escribir en un diario, escuchar música, un baño de burbujas, etc.)?

10

Cuando la duda susurra
"No puedo seguir a Dios
con constancia"

Alguna vez has sentido que Dios está listo para darse por vencido contigo porque tú no le has seguido de manera sistemática? ¿A veces temes que la tolerancia de Dios ante tus defectos es limitada y que estás a un paso de no calificar para su gracia?

Hace varios años yo lo eché todo a perder y estaba segura de que Dios estaba listo para darse por vencido conmigo. Me preparaba para hablar en el retiro de las mujeres de mi iglesia. Era un honor pero estaba nerviosa de seguir los pasos de oradoras maravillosas que me habían precedido. Cuatro semanas antes del retiro yo tenía que entregar mis bosquejos pero no había terminado ni uno de mis mensajes. Mi esposo se ofreció para pasar tiempo con nuestros chicos el sábado y mi mamá me ofreció su casa para que estudiara y pasara tiempo a solas preparándome. Le dije que necesitaba varias horas de tranquilidad y que no quería abusar de su amabilidad. Ella insistió en que estaría fuera todo el día haciendo mandados y que no le importaba que yo estuviera allí.

Mi esposo y yo nos sentamos e hicimos un horario esa mañana antes de que me fuera. Yo quería asegurarme de que él dejaría de cortar la hierba para darse una ducha y alistar a los chicos para encontrarse conmigo en casa de mi mamá como a las 5:15 p.m., ya que él y yo teníamos que salir a más tardar a las 5:30 p.m. para una fiesta sorpresa. La chica del cumpleaños, mi amiga Debbie, llegaría como a las 6:00 p.m. y teníamos que llegar allí primero que ella. Una vez que coordinamos nuestros planes, me fui para casa de mi mamá.

Leer mi Biblia, orar y escuchar la dirección de Dios durante horas era como estar en un oasis espiritual. Estaba estudiando sobre Jesús como el pan de vida. Luego busqué las referencias en el Antiguo Testamento donde Dios proveyó maná en el desierto para los israelitas, lo cual fue su "pan de vida". Pensé en los desiertos espirituales que pasamos y cómo Dios quiere que su Palabra sea el maná en nuestros desiertos y nuestros tiempos difíciles. Me encantaba el mensaje que Dios me estaba dando.

La tormenta del desierto

Al ver las horas pasar le pedí a Dios que estirara mi tiempo con él. Estudiar en la quietud de la casa de mi mamá me ayudaba a concentrarme y a entrar en una "zona" donde Dios estaba revelando nuevas perspectivas mucho más rápido de lo que yo podía escribir. Me encanta ese lugar, pero toma tiempo llegar allí. Una vez que llego, no quiero salir porque me asusta que no pueda regresar. Es entonces cuando empiezo a pensar: *Que nadie me hable. No hagan ruidos que me saquen de mi zona.*

Fue entonces que mi mamá decidió regresar a casa…temprano. Estuvo callada como unos treinta segundos, pero entonces empezó a entrar empedrados de cemento y los dejaba caer en el suelo. Después entró los comestibles y los soltó en la cocina donde yo estaba estudiando. Luego fue el abrir y cerrar de puertas, seguido por el sonido de ella subiendo y bajando las escaleras. En unos minutos, yo estaba fuera de la zona. El pánico se apoderó de mí. No tenía mi mensaje completo y el tiempo se me estaba acabando.

Decidí dejar de trabajar. Cuando me levanté para cerrar la computadora, por accidenté choqué con la botella de agua y la viré encima del teclado. Frustrada y a punto de gritar, busqué toallas para secar el agua de mi computadora y del piso. No solo había salido de mi zona, sino que dentro de mí se estaba irguiendo una tormenta del desierto. *¿Y si la computadora se rompió? ¿Y si pierdo las notas de mi mensaje? ¿Y si lo echo todo a perder en este retiro?*

Mi mamá estaba arriba, así que no sabía lo que estaba pasando. Decidí darme una ducha y alistarme, con la esperanza de que eso me ayudara a calmarme. Como una hora después, mientras yo terminaba, mi mamá se dio cuenta de que el mantel estaba mojado. Se me había olvidado quitarlo. Cuando ella lo levantó, había una enorme nube blanca en su antigua mesa de roble. Enojada, como es lógico, empezó a arengarme: "No puedo creer que hayas hecho esto. ¿Tú no sabes que cuando se bota agua sobre una mesa de roble se supone que le quites al mantel?"

¿Y tú dices que eres cristiana?

Como una niña regañada, levanté las defensas. Le solté una disculpa y traté de explicar lo que había pasado. Entonces me di cuenta de que eran las 5:30 y mi esposo todavía no había llegado. Se suponía que ya nos fuéramos, así que llamé a su celular pero no respondió.

La ansiedad se derramó como un ácido sobre mi corazón: *¿Y si JJ tuvo un accidente? ¿Y si llegamos tarde a la fiesta y Debbie nos ve en el estacionamiento y echamos a perder toda la sorpresa? ¿Y si la mancha no se cae de la mesa de mi mamá?*

Ya que la policía no había llamado, decidí que mi esposo simplemente estaba atrasado. A las 5:40 p.m. decidí que me iría sola pues é sencillamente podía encontrarse conmigo allí. Cuando salía de la entrada, él llegaba. Para sorpresa mía, no se apuró para salir de su auto y tenía una expresión en su rostro de "sabía que estarías enojada". Mi hijo menor salió del auto, se me acercó en silencio y dijo: "Papi nos dijo que estarías enojada."

Decidí irme antes de decir algo de lo cual me arrepentiría. Cuando pasé junto a su auto, JJ me preguntó: "¿No me vas a esperar?" Mi ventana estaba cerrada, así que solo vi el movimiento de sus labios. Bajé la ventana y él volvió a preguntar: "¿No me vas a esperar?" Con una actitud muy madura le dije: "No. Porque estás actuando como un [#@&*]" (una palabra más fea para decir idiota.)

Justo entonces mi hijo de ocho años salió de casa de mi mamá y dijo: "¡Mami! Acabas de decirle a papi [#@&*]".

"Bueno, porque así está actuando", le expliqué.

Y por supuesto, justo cuando yo decía eso, mi mamá salió y escuchó todo. Dijo que no podía creer que yo le dijera eso a mi hijo y entonces añadió: "¿¡Y tú dices que eres una oradora cristiana!?"

¿En qué estaba pensando?

Le pedí disculpas, subí la ventana y esperé a que JJ se subiera al auto y nos fuimos para la fiesta. Les sonreímos a todos los demás, pero solos nos hablamos unas pocas palabras el uno al otro toda la noche. En el camino de regreso a casa nos pedimos disculpas entre dientes.

A la mañana siguiente, me sentía abrumada por la vergüenza y la culpabilidad. Seguía pensando en las palabras de mi mamá. ¿Cómo podía decir que soy una oradora cristiana? No tenía derecho a enseñar un mensaje que ni siquiera podía vivir. Comencé a castigarme con declaraciones como: *Yo no estoy hecha para esto. No soy lo suficientemente buena. No soy lo suficientemente piadoso.* ¿En qué estaba pensando *Dios cuando me llamó a esto?* ¿*En qué estaba pensando yo?* ¿Cómo podía pasar de un lugar de profundidad espiritual a un lugar de tal depravación espiritual? Yo había estado orando, estudiando, y leyendo mi Biblia. ¿Por qué no apliqué lo que Dios me acababa de enseñar ese día? Al analizarlo ahora puedo ver que hubiera necesitado parar y pedirle a Dios maná en mi desierto. Necesitaba su paz y perspectiva en medio de mi tormenta, pero ni siquiera pensé en pedírselo en el momento de exaltación. En cambio había permitido que mis emociones se desataran dentro de mí.

Cuando entré en la iglesia esa mañana de domingo, examiné el auditorio en busca de MaryAnn, la directora del ministerio de mujeres, mi amiga y mentora. Yo había decidido decirle que renunciaba. Me acerqué con lágrimas en los ojos y le dije: "He cometido un gran error. Lo siento mucho. Nunca debí haber dicho que sí para hablar en este retiro. Vas a tener que buscar a otra persona".

Después de explicarle lo sucedido, ella me miró y dijo: "Renee, si tú no necesitas este mensaje tanto como las mujeres que asistan, entonces no estás calificada para enseñarlo. Pero como lo necesitas tanto como nosotras, sí estas calificada. Has sido designada y ungida para hacer esto".

Dejar que la gracia de Dios cubra mi culpa

Nunca había experimentado tal demostración de la gracia de Dios. Más tarde ese día, le di gracias a Dios por su favor inmerecido y su gracia al recordarme hombres y mujeres de las Escrituras a quienes él usó mucho, a pesar de sus caídas. Además me recordó que JJ y yo habíamos orado durante semanas antes de decir que sí. Yo también escritas fechas en la Biblia junto a los versículos que él me había dado como confirmación. Ese día aprendí a vivir en la promesa de que puedo "[acercarme… confiadamente al trono de la gracia, para alcanzar misericordia y hallar gracia para el oportuno socorro" (Hebreos 4:16). A pesar de que estaba dispuesta a renunciar a mí misma, Dios no lo estaba. Aunque estaba profundamente decepcionada de mí misma y sentía que había decepcionado a Dios, él tomó lo que parecía ser la destrucción y lo utilizó para reconstruir mi caminar con él. Aprendí que cuando confieso mis pecados y recibo el perdón de Dios, mi corazón se libera de la culpa inducida por la duda y puedo encontrar una confianza inducida por la gracia (1 Juan 1:9). No estoy diciendo que no hubo consecuencias. Me llevó tiempo y un montón de disculpas para restaurar las cosas con mi mamá y mi familia. Hasta el día de hoy hacen bromas porque yo maldije a papá.

Un mes después hablé en el retiro y sentí que Dios quería que contara la historia de mi caída. ¿Que si temía que la gente me juzgara? Sí. Pero como Pablo, descubrí que la gracia de Dios es suficiente porque su poder se perfecciona en mi debilidad. Aunque contar estas cosas es una lección de humildad, Dios me ha convencido de que "me gloriaré más bien en mis debilidades, para que repose sobre mí el poder de Cristo" (2 Corintios 12:9). Las mujeres contaron cuánto esa historia les había impactado porque ellas como yo también perdían los estribos y yo les había ayudado a ver la gracia de Dios esperándoles del otro lado.

Quiero que sepas que todas metemos la pata, pero Dios nos ofrece la gracia para cubrir nuestra culpa. Satanás quiere que pensemos que somos las únicas que lo hacemos, pero nos pasa a todas, todos los días. Cuando pregunté a las mujeres si alguna vez dudan de poder seguir a Dios con constancia, me inundaron con respuestas de "sí'".

Ya sea que permitamos que las actitudes negativas de otros nos afecten, que no cumplamos nuestras promesas a Dios, que discutamos con nuestro esposo, que no pasemos tiempo suficiente (o ningún tiempo) orando y leyendo la Biblia o que dejemos de ir a la Iglesia, nos sentimos así. O cuando les gri-

tamos a nuestros hijos, comemos demasiados, dejamos que
el estrés y las tensiones cotidianas pongan a Dios al final de
nuestra lista de prioridades, guardemos rencores, actuemos
con orgullo o hagamos o pensemos cualquier cosa que sabemos que un cristiano no debe hacer, dudamos de nuestra
capacidad de seguir Dios con constancia. Es una de nuestras
mayores luchas.

Las riquezas de Dios a expensas de Cristo

Yo solía sentirme tan lejos de Dios, como que tenía que encontrar mi camino de regreso a él mediante muchos esfuerzos
luego de períodos de inconsistencia en mi tiempo con él, o
luego de épocas de incredulidad o autosuficiencia, u otros pecados. También estaba convencida de que Dios había perdido
su paciencia conmigo. Entonces me esforzaba más todavía y
con el tiempo volvía a fallar. Al final me sentía derrotada y
me preguntaba: "¿De qué vale intentarlo?" Ahora sé que no
se trata de esforzarse más. Se trata de volverme más rápido a
Dios. Es cuestión de confesar mi pecado y volverme al regalo
de la gracia de Dios. La gracia de Dios es un "favor inmerecido". No tenemos que ganárnosla, y no podemos perderla si
actuamos de manera poco meritoria.

Sí, la gracia costó mucho, pero Jesús ya pagó por ella. Recuerda, "por gracia [somos] salvos por medio de la fe; y esto
no de [nosotros], pues es don de Dios" (Efesios 2:8).

Algunas personas preguntan si la gracia es una licencia
para pecar. Una mujer confiada sabe que no. En cambio,
comprende que la gracia es la seguridad de saber que tiene garantizado el amor de Dios porque ella confía en Cristo.
Entender realmente su regalo sacrificado logra lo opuesto de
tener un permiso para pecar. Cuando comprendemos lo que
Jesús hizo por nosotros, queremos devolver el regalo de su
vida al ofrecerle a él la nuestra, incluso si nuestra ofrenda no
es perfecta o ni siquiera con constancia perfecta.

La paciencia de Dios en el proceso

¿Alguna vez has hablado con alguien que estaba pasando por una lucha, y en lugar de sentir lástima por ellos, te sientes mejor al principio porque eso te hizo saber que no eras la única que lucha con la misma cosa? Entonces te sentiste mal por sentirte bien en cuanto a su lucha. Así fue como me sentí cuando leí el resto de la historia de Gedeón acerca de cómo superó sus dudas y temores: digamos que le tomó un tiempo. Me encanta eso, porque vencer las dudas ha sido un proceso continuo para mí también.

Caminando con Dios siempre es cuestión de confiar en él completamente y de seguirle plenamente con nuestros pensamientos y acciones. Lo que me gusta de la historia de Gedeón es cuánta paciencia tuvo Dios con él durante el tiempo que le tomó a Gedeón a confiar en Dios por completo. Como veremos más adelante, la fe de Gedeón era inconstante pero la paciencia de Dios era absolutamente constante. Regresemos y veamos qué estaba pasando antes de que Dios viniera a Gedeón:

Los hijos de Israel hicieron lo malo ante los ojos de Jehová; y Jehová los entregó en mano de Madián por siete años. Y la mano de Madián prevaleció contra Israel. Y los hijos de Israel, por causa de los madianitas, se hicieron cuevas en los montes, y cavernas, y lugares fortificados. Pues sucedía que cuando Israel había sembrado, subían los madianitas y amalecitas y los hijos del oriente contra ellos; subían y los atacaban... y no dejaban qué comer en Israel, ni ovejas, ni bueyes, ni asnos...De este modo empobrecía Israel en gran manera por causa de Madián; y los hijos de Israel clamaron a Jehová. Y cuando los hijos de Israel clamaron a Jehová, a causa de los madianitas, Jehová envió a los hijos de Israel un varón profeta, el cual les dijo: Así ha dicho Jehová Dios de Israel: Yo os hice salir de Egipto, y os saqué de la casa de servidumbre. Os libré de mano de los egipcios, y de mano de todos los que os afligieron, a los cuales eché de delante de vosotros, y os di su tierra; y os dije: Yo soy Jehová vuestro Dios; no temáis a los dioses de los amorreos, en cuya tierra habitáis; pero no habéis obedecido a mi voz. (Jueces 6:1–10)

Dios había hecho todo para proveer para los israelitas. Les ordenó que solo le adoraran a él, pero ellos no escucharon. En cambio, adoraban a los dioses de sus enemigos, lo cual les hizo vulnerable a la destrucción de sus enemigos. Con el tiempo clamaron al Señor. Ya que el amor de Dios es paciente, él los rescató y levantó al líder menos probable para llevarlos a la victoria.

Y vino el ángel de Jehová, y se sentó... Gedeón estaba sacudiendo el trigo en el lagar, para esconderlo de los madianitas. Y el ángel de Jehová se le apareció, y le dijo: Jehová está contigo, varón esforzado y valiente.

Y Gedeón le respondió: Ah, señor mío, si Jehová está con nosotros, ¿por qué nos ha sobrevenido todo esto? ¿Y dónde están todas sus maravillas, que nuestros padres nos han contado, diciendo: ¿No nos sacó Jehová de Egipto? Y ahora Jehová nos ha desamparado, y nos ha entregado en mano de los madianitas. (Jueces 6:11–13)

¿Por qué tiene que ser tan difícil?

Recuerdo haberle preguntado a Dios lo mismo: ¿Por qué pasó todo esto? ¿Por qué tiene que ser tan difícil? ¿Por qué no pude simplemente preparar mi mensaje sin interrupciones, discusiones, maldecir a mi marido delante de mi hijo y derramar agua encima de mi computadora?

A veces la vida es dura, porque vivimos en un mundo caído o estamos experimentando un ataque espiritual.

Otras veces la vida es dura porque no estamos escuchando a Dios o siguiendo lo que él nos ha mostrado, como fue el caso tanto para los israelitas como para mí. Sin embargo, cuando la vida es dura, somos más propensos a pedir la ayuda de Dios. Sé que así sucede conmigo y con otros con quienes he hablado. Los tiempos difíciles a menudo nos inclinan hacia Dios y nos ayudan a depender de él más que de nosotros mismos. Eso me pasó el año pasado. La vida era demasiado para mí, pero dependí de Dios como nunca antes.

¿Alguna vez le preguntas a Dios por qué la vida tiene que ser tan difícil? ¿Por qué suceden ciertas cosas? Como Gedeón, ¿te sientes abandonada por Dios en momentos de desilusión o en tiempos difíciles? En un momento yo me sentí así, cuando tantas cosas difíciles ocurrían a la vez. Creo que todos los hacemos en ocasiones, pero nuestros sentimientos no cambian la promesa de Dios de que nunca nos dejará ni nos desamparará (Deuteronomio 31:8).

Entonces, ¿qué hacemos? Dios nos dice: "Fíate de Jehová de todo tu corazón, Y no te apoyes en tu propia prudencia. Reconócelo en todos tus caminos, Y él enderezará tus veredas" (Proverbios 3:5–6). Veamos cómo Dios respondió a las preguntas de Gedeón: "Y mirándole Jehová, le dijo: Ve con esta tu fuerza, y salvarás a Israel de la mano de los madianitas. ¿No te envío yo?" (Jueces 6:14).

Observa cómo Dios no respondió la pregunta de "por qué" de Gedeón. En cambio, Dios le dijo qué rol le llamaba a jugar en lo que él estaba a punto de hacer. Tal vez fue porque Dios ya había explicado a través del profeta que sus difíciles circunstancias eran las consecuencias de su pecado. A veces cuando le preguntamos a Dios por qué, él nos muestra cómo nuestro pecado tuvo un papel en lo que sea que está sucediendo. Otras veces es mucho más difícil de procesar, porque el problema no fue causado por cualquier cosa que nosotros u otra persona hayamos hecho.

Mi amiga y escritora Lysa TerKeurst ha experimentado tragedias en su vida que la dejaron con muchas preguntas del tipo "por qué" y sin muchas respuestas. Ella aprendió que "preguntar es perfectamente normal. Preguntar por qué no es algo no espiritual. Sin embargo, si preguntar nos aleja de Dios en lugar de acercarnos más a él, entonces no es la pregunta correcta".[1] Veremos que Dios usó la pregunta de "por qué" de Gedeón para acercarlo más a él, porque su respuesta cambió el enfoque de Gedeón de las cosas difíciles que habían sucedido en su pasado a lo que Dios está a punto de hacer en su futuro. Dios le dijo a Gedeón que iba a ser parte de mejorar las cosas al salvar a Israel de los madianitas. Algunas veces Dios contesta nuestras oraciones al llamarnos a ser parte de la solución a nuestro problema. En lugar de cambiar nuestras circunstancias, a menudo Dios utiliza nuestras circunstancias para acercarnos a él, hacernos más como él, y ayudarnos a encontrar nuestra confianza en él.

Es difícil confiar en alguien a quien no conoces

Hasta este momento Gedeón conocía de Dios pero no conocía a Dios personalmente. Había escuchado a otros hablar de Dios y contar historias sobre lo que é había hecho por ellos en el pasado. Fue por eso que él preguntó: "¿Y dónde están todas sus maravillas, que nuestros padres nos han contado, diciendo: ¿No nos sacó Jehová de Egipto? Y ahora Jehová nos ha desamparado, y nos ha entregado en mano de los madianitas" (Jueces 6:13).

La percepción que Gedeón tenía de Dios incluía sentimientos de reverencia pero también de abandono. Tal vez no se dio cuenta de que la decisión de los israelitas de desobedecer al Señor y adorar a otros dioses los había metido en tan grande desastre. Tal vez él había orado durante mucho tiempo para que Dios los ayudara y se había dado por vencido.

Ya que Dios decidió ir a Gedeón y no a otra persona, creo que Gedeón debe haber estado buscando a Dios y haber tenido el deseo de servirle. Segundo de Crónicas 16:9 nos dice que: "Los ojos del SEÑOR recorren toda la tierra para fortalecer a los que tienen el corazón totalmente comprometido con él" (NTV). Veremos que con el tiempo Dios fortalece el corazón de Gedeón.

Aunque Dios le dijo a Gedeón que él lo estaba enviando, y que iría con él y le daría fuerza para vencer a los madianitas, Gedeón todavía no confiaba en Dios. Es difícil confiar en quien no conoces.

Y él respondió: Yo te ruego que si he hallado gracia delante de ti, me des señal de que tú has hablado conmigo. Te ruego que no te vayas de aquí hasta que vuelva a ti, y saque mi ofrenda y la ponga delante de ti. Y él respondió: Yo esperaré hasta que vuelvas. (Jueces 6:17–18)

Cuando Gedeón trajo su ofrenda, el ángel del Señor la tocó con la punta de su vara y salió fuego de la roca, lo que la consumió. Entonces Gedeón se dio cuenta de que realmente era el ángel del Señor y exclamó: "¡Oh Soberano SEÑOR, estoy condenado! ¡He visto cara a cara al ángel del SEÑOR!" (v. 22).

Hasta ese momento Gedeón le había llamado "Señor". Ahora usó la palabra "Soberano" para describir a su Señor porque había experimentado la soberanía de Dios. Se edificó otra capa de confianza cuando Gedeón fue testigo del poder de Dios, pero eso no es todo. Gedeón debe haber estado aterrorizado porque de inmediato "Pero Jehová le dijo: Paz a ti; no tengas temor, no morirás" (v. 23).

Me encanta lo que Gedeón hizo después: "Y edificó allí Gedeón altar a Jehová, y lo llamó Jehová-shalom" (v. 24). Dios había revelado su carácter al demostrar su poder y al darle paz a Gedeón para ayudarle a vencer sus dudas y temores. Gedeón no solo conocía de Dios, ahora estaba llegando a conocerlo personalmente. Él aprendería que es mucho más fácil confiar en alguien que uno conoce, alguien con quien se ha experimentado la vida de manera personal.

Señor quiero conocerte

Las relaciones estrechas se forman con el tiempo, cuando compartimos juntos la vida, cuando pasamos de escuchar sobre alguien a verles vivir quiénes son realmente. Mi amiga LeAnn es alguien que he llegado a conocer con el tiempo y también a querer al experimentar su amor por mí.

Al principio solo había escuchado cosas maravillosas acerca de LeAnn de boca de otras personas. Entonces comenzamos a trabajar en la misma oficina y yo observaba cosas de ella que se correspondían con lo que otros decían, pero había más. Hubo cosas que solo descubrí al estar con ella, como su particular sentido del humor y su manera de hacer que otros se sientan especiales.

A medida que nuestra amistad se profundizó, y compartimos más de nuestra vida, llegué a confiar en ella. Puedo llamarla cuando estoy preocupada o desanimada, y ella me calma. Ella sabe qué decir exactamente. Es alguien de quien sé que puedo depender, pero solo lo sé porque he tenido la necesidad de depender de ella y ella ha sido confiable.

Llegar a conocer a Dios sucede la misma manera. Puede que hayamos escuchado muchas cosas sobre él o que pensemos que sabemos muchas cosas sobre él, pero no le conoceremos realmente hasta que pasemos tiempo con él: hablando, escuchando y observando quién es realmente. Nuestra profundidad en el conocimiento de Dios viene cuando dependemos de él y descubrimos que él es digno de nuestra confianza. Aprendemos a confiar en su corazón al interactuar con é y experimentar su carácter de manera personal, como pasó con Gedeón.

Tengo una lista de varios nombres de Dios que llego en mi cartera y en mi diario. Mi amiga Kimberly me la mandó cuando yo estaba pasando un momento difícil porque ella sabía que yo necesitaba recordar quién es mi Dios. Me ayuda decir esos nombres en voz alta y agradecerle a Dios por ser cada una de esas cosas para mí; decir, Señor gracias por tú eres:

- *Emmanuel*: Dios conmigo (Mateo 1:22—23)
- *El-Chanún*: El Dios de compasión (Jonás 4:2)
- *El HaNe'eman*: El Dios fiel (Deuteronomio7:9)
- *El Roi*: El Dios que me ve (Génesis 16:13—14)
- *El ha-Gibbor*: El Dios poderoso, Dios el héroe (Isaías 9:6)
- *El Shaddai*: El Dios todo suficiente (Génesis 17:1—2)
- *El Sali*: Dios de mi fortaleza (Salmo 42:9)
- *El Olam*: El Dios eterno (Génesis 21:32—33)
- *El Elyon*: El Dios altísimo (Daniel 4:34)
- *Elohim*: Dios, mi Creador poderoso (Génesis 1:1)
- *Jehová Yireh*: El Señor mi proveedor (Génesis 22:13—14)
- *Jehová Rada*: El Señor que me sana (Éxodo 15:26)
- *Jehovah Nissi*: El Señor es mi estandarte (Éxodo 17:15—16)
- *Jehovah Shalom*: El Señor es mi paz (Jueces 6:24)
- *Jehová Rohi*: El Señor es mi pastor (Salmo 23:1)
- *Jehová Shama*: El Señor omnipresente (Ezequiel 48:35)
- *Abba*: Mi Padre (Salmo 68:5-6)

Los nombres de Dios son una promesa de quién es él. Aprendemos a confiar en él al llegar a conocerle de la manera que se le describe en la Biblia, en base a su carácter. No conoceremos a Dios como *Jehovah Rapha*, nuestro Sanador, hasta que experimentemos y reconozcamos su sanidad en nuestras vidas, ya sea espiritual, emocional, mental o física. No podemos conocerlo como *Jehovah Yireh*, nuestro Proveedor, si no tenemos necesidad. No lo conoceremos como *Jehovah Nissi*, nuestro Estandarte, a menos que lo necesitemos a él para la victoria.

Al comenzar a buscar seguir a Dios con más constancia, oremos así: "Señor, quiero conocerte por quien eres realmente. Deseo confiar en ti y seguirte más cada día". Creceremos en nuestra constancia y confianza al vivir en la promesa: "En ti confiarán los que conocen tu nombre, Por cuanto tú, oh Jehová, no desamparaste a los que te buscaron" (Salmo 9:10).

¿A qué le temo?

Después de demostrar su poder y proveer su paz, Dios le dijo a Gedeón que derrumbara el altar que su padre había hecho al falso dio Baal, que tomara uno de los toros de su padre y lo sacrificara en un altar que se construiría para el Señor. Gedeón hizo lo que Dios le dijo pero "temiendo hacerlo de día, por la familia de su padre y por los hombres de la ciudad, lo hizo de noche" (Jueces 6:27). El valiente guerrero de Dios todavía tenía miedo. En lugar de caminar con fe, caminaba con temor.

Muchas veces son nuestros temores los que nos impiden seguir a Dios con constancia. Tenemos miedo de las críticas el juicio y el rechazo de la gente. Tenemos miedo de decir que no porque alguien podría enojarse. Muchas veces tenemos más temor de decepcionar a las personas que de decepcionar a Dios. Tenemos miedo de confiar a Dios nuestro dinero, tiempo, el matrimonio, o los hijos, así que tratamos de manejar nuestras propias vidas. No defendemos lo que queremos porque tememos que nuestra fe ofenda a las personas. Muchas mujeres me han dicho que no leen la Biblia porque tienen miedo de no entenderla. Algunas tienen miedo de orar porque no saben qué decir.

A menudo el temor alimenta la duda. El temor puede ser poderoso y paralizante para nuestra fe. Lo sé porque he sido su víctima. Como conté en el capítulo 1, la duda inducida por el temor me impedía disfrutar los carruseles cuando era niña, esquiar en el agua de adolescente y confiar como esposa recién casada, pero eso no es todo. Yo había aceptado mi temor como un impedimento con el que había nacido. Dejé que el temor invadiera cada aspecto de mi vida.

Durante mis primeros años de matrimonio, tenía miedo a dormir por la noche cuando mi esposo viajaba por trabajo.

Sabía que necesitaba a confiar en Dios, pero no lo hacía. Además de orar, leer mi Biblia, y pegar versículos en mi mesita de noche y mi espejo, me dormía con el teléfono, el directorio del vecindario y mi Biblia. Una noche puse juguetes en las escaleras para que los ladrones tropezaran, acosté a los niños conmigo y puse mi cómoda delante de la puerta del dormitorio. Pensé que estaba controlando mis circunstancias, pero en realidad el temor me estaba controlando a mí. Cuando aún así no podía dormir, abrí mi Biblia y leí estas palabras:

No temas, porque yo te redimí; te puse nombre, mío eres tú. Cuando pases por las aguas, yo estaré contigo; y si por los ríos, no te anegarán. *Cuando pases por el fuego, no te quemarás, ni la llama arderá en ti.* (Isaías 43:1–2, cursivas mías)

Esa noche Dios me ayudó a ver que mis temores eran como llamas y mis esfuerzos por protegerme a mí misma eran como gasolina. Cada vez que hacía algo, era como echarle combustible al fuego. Mi temor me estaba consumiendo. Dios me recordó que no me había dado un espíritu de temor sino un espíritu de poder, de amor y de dominio propio (2 Timoteo 1:7).

Me di cuenta de que la única manera en que podría superar mis miedos era caminar a través de ellos. Tendría que guardar mis apoyos e ir a la cama confiando en Dios y no en mí misma, sabiendo que incluso si mis temores se hacían realidad, él estaría conmigo. Esa noche guardé todo y caminé a través de las llamas de mi temor. Hice lo que Dios me llamaba a hacer, y dormí mejor de lo que había dormido en las últimas semanas.

Jesús dijo: "Si vosotros permaneciereis en mi palabra... conoceréis la verdad, y la verdad os hará libres" (Juan 8:31–32). El temor perdió su poder cuando de manera activa me aferré a la promesa que él me ha dado.

Si queremos ser libres del temor para que podamos caminar en fe, tenemos que aferrarnos a lo que Dios nos está enseñando, reemplazar nuestra manera de hacer las cosas por la suya. Solo venceremos nuestros temores al caminar por ellos, de la mano de Dios y confiando en su corazón para que nos guíe, nos proteja y nos cuide.

Dos pasos adelante, uno para atrás

Cuando los madianitas descubrieron que Gedeón había destruido el altar de Baal, reunieron sus fuerzas de 135.000 hombres y se prepararon para la batalla. Entonces el Espíritu de Jehová vino sobre Gedeón. Él dio el primer paso de fe al tocar la trompeta, convocando a los aliados a seguirlo, y enviando mensajeros por toda la región para llamar al pueblo a las armas. Pero algo sucedió, y Gedeón se asustó de nuevo.

Y Gedeón dijo a Dios: Si has de salvar a Israel por mi mano, como has dicho, he aquí que yo pondré un vellón de lana en la era; y si el rocío estuviere en el vellón solamente, quedando seca toda la otra tierra, entonces entenderé que salvarás a Israel por mi mano, como lo has dicho. Y aconteció así, pues cuando se levantó de mañana, exprimió el vellón y sacó de él el rocío, un tazón lleno de agua.

Mas Gedeón dijo a Dios: No se encienda tu ira contra mí, si aún hablare esta vez; solamente probaré ahora otra vez con el vellón. Te ruego que solamente el vellón quede seco, y el rocío sobre la tierra. Y aquella noche lo hizo Dios así; sólo el vellón quedó seco, y en toda la tierra hubo rocío. (Jueces 6:36–40)

¿Te das cuenta de lo que me encanta de esta historia? Es una imagen tan buena nuestra fe que va y viene. Gedeón necesitaba más seguridad y Dios se la dio. Una vez más, vemos la evidencia asombrosa de la gracia de Dios y su paciencia. Todavía está allí con nosotros, incluso cuando damos dos pasos adelante y un paso atrás. Él sabe que nuestra fe no es cuestión de nuestro rendimiento sino de nuestra dependencia de él. Gedeón pudo haber tenido miedo, pero lo importante es que buscó a Dios para que le diera confianza.

De cobarde a guerrero

Dios no quería que los israelitas se llevaran el crédito por la victoria que él les daría, así que le dijo a Gedeón:

> El pueblo que está contigo es mucho para que yo entregue a los madianitas en su mano, no sea que se alabe Israel contra mí, diciendo: Mi mano me ha salvado. Ahora, pues, haz pregonar en oídos del pueblo, diciendo: Quien tema y se estremezca, madrugue y devuélvase desde el monte de Galaad. Y se devolvieron de los del pueblo veintidós mil, y quedaron diez mil. (7:2–3)

¿No sientes orgullo de que Gedeón no se fuera con ellos? A veces quedarse es un paso de fe.

Dios le dijo a Gedeón que todavía había demasiados hombres, y le mandó que los llevara a un arroyo para ver cómo bebían agua. Sólo 300 bebieron ahuecando las manos y llevándose el agua a la boca, lo cual era importante porque podían mantener los ojos arriba y ver a sus enemigos. Con estos trescientos hombres Dios le dijo a Gedeón que lo salvaría a él y entregaría a los madianitas en su mano. Gedeón envió al resto los hombres a casa. (vv. 4–8).

Aconteció que aquella noche Jehová le dijo: Levántate, y desciende al campamento; porque yo lo he entregado en tus manos. Y si tienes temor de descender, baja tú con Fura tu criado al campamento, y oirás lo que hablan; y entonces tus manos se esforzarán, y descenderás al campamento. Y él descendió con Fura su criado hasta los puestos avanzados de la gente armada que estaba en el campamento. (vv. 9–11)

Dios sabía lo que Gedeón necesitaba. ¿Aprovechó Gedeón la cláusula de "si tienes temor" que Dios dijo? ¡Por supuesto que lo hizo! Él y Fura fueron al campamento del enemigo, donde escucharon a un hombre que hablaba sobre su sueño y cómo crecía en los madianitas el temor ante Gedeón y su ejército (vv. 13–14).

Cuando Gedeón escuchó el sueño y su interpretación, se inclinó y adoró. Regresó al campamento de Israel y gritó: "Levantaos, porque Jehová ha entregado el campamento de Madián en vuestras manos... Miradme a mí y haced como hago yo; he aquí que cuando yo llegue al extremo del campamento, haréis vosotros como hago yo" (vv. 15, 17).

¡Qué diferencia! Casi puedo oír la confianza en la voz de Gedeón. Este era un hombre que había vivido con temor, pero ahora era un líder valiente. Al buscar conocer y escoger confiar en Dios, un cobarde se convirtió en un guerrero.

Los 300 hombres de Gedeón siguieron su ejemplo, haciendo todo lo que él dijo. Mientras ellos estaban en sus posiciones alrededor del campamento, cada uno de los miles de madianitas salieron corriendo, gritando mientras huían. Dios hizo que se atacara entre sí con sus espadas. Las probabilidades pueden haber estado en contra de Gedeón, ¡pero Dios estaba con él! Con la ayuda de Dios, Gedeón y su ejército derrotaron a sus enemigos.

Gedeón aprendió a seguir a Dios con mayor constancia al depender de la fuerza de Dios en lugar de la suya. Cambió el enfoque de dudar de sí mismo al creer en su Dios. Más que solo ayudarlo a conquistar a los madianitas, Dios también ayudó a

Gedeón a conquistar sus enemigos personales de la duda y el temor. Y él quiere hacer las mismas cosas en nuestras vidas. A menudo Dios utilizará nuestras dudas para fomentar nuestra confianza al llamarnos a enfrentar nuestros temores y hacer algo que nunca escogeríamos hacer por nuestra cuenta. Pero cuando dependemos de él podemos experimentar una victoria que nunca creímos posible.

En dependencia

Habrá momentos en los que no seguiremos a Dios con constancia y vamos a empezar a dudar de la fortaleza de nuestra fe. Esos tiempos por lo general vienen cuando estamos pensando y operando de forma independiente de Dios. Muchas veces nuestro comportamiento se debe al temor, pero otras veces puede ser incredulidad, preocupación, estrés o simplemente nuestro el deseo de manejar nuestras propias vidas. Sin embargo, fuimos creadas para vivir "en dependencia" de Dios.

Pasar de una vida independiente a una vida que dependa de Dios toma tiempo. Es una jornada de toda la vida. A veces puede parecerse a la batalla de Gedeón pero es así porque Dios tiene algo maravilloso para nosotras del otro lado, y nuestro enemigo no quiere que lleguemos allí. Como Gedeón, necesitamos quedarnos cerca de Dios y seguir pidiéndole que se nos revele.

Necesitamos recordar también que "no tenemos lucha contra sangre y carne, sino contra principados, contra potestades, contra los gobernadores de las tinieblas de este siglo, contra huestes espirituales de maldad en las regiones celestes" (Efesios 6:12). Satanás hará todo lo que pueda por impedir que nos convirtamos en mujeres confiadas en Cristo. Como dije antes, no tenemos que temer, pero sí tenemos que estar conscientes y preparadas para sus estrategias.

Cuando metamos la pata, y Satanás trate de decirnos que no podemos seguir a Dios con constancia, no tenemos que escucharle. Podemos alejarnos de la sombra de la duda y pararnos en la luz de la verdad de Dios. La verdad es que nadie puede seguir a Dios perfectamente, sin ningún tipo de inconsistencias. Pero podemos seguir a Dios con más constancia cada día al llegar a conocerle y escoger confiarle nuestras vidas.

Cuando tu caminar con Dios vacile, cuando sientas que estás dando dos pasos adelante y uno atrás, repasa la historia de Gedeón. Recuerda la paciencia de Dios en el proceso, y permite que su gracia cubrir tu culpabilidad. Reflexiona en la transformación de Gedeón de cobarde a guerrero, y pídele a Dios que te dé la confianza necesaria para vivir una vida transformada también. Recuerda, Dios no está buscando a una mujer perfecta. Está buscando una mujer que quiera caminar con Jesús y encontrar su confianza a través de su dependencia diaria de Dios.

Orar las promesas de Dios

Señor, gracias porque puedo acercarme al trono de la gracia con confianza y recibir misericordia y gracia para mi tiempo de necesidad. Por tu misericordia y perdón, mi duda inducida por la culpa se reemplaza con una confianza inducida por la gracia. Ayúdame a confiar en ti con todo mi corazón y no apoyarme en mi propia prudencia, reconociéndote en todos mis caminos para que tú endereces mis veredas. Los que conocen tu nombre, confían en ti, Señor, porque nunca has abandonado a los que buscan tu ayuda. Quiero conocerte como Emmanuel, mi Dios conmigo; El Hanne'eman, mi Dios fiel; El Roi, el Dios que me ve; El ha-Gibbor, Dios mi héroe; El Shaddai, mi Señor todo suficiente; El Sali, Dios mi fortaleza; El Elyon, el Dios altísimo; Jehovah Jireh, mi proveedor; Jehovah Rapha, mi sanador; Jehovah Nissi, mi estandarte; Jehovah Shalom, mi paz; Yahweh Tsuri, mi roca; Jehovah Sham-

mah, el Señor está a mi favor; y Abba, mi Padre. En el nombre de Jesús oro, amén.

Véase Hebreos 4:16; 1 Juan 1:9; Proverbios 3:5–6; Salmo 9:10.

Preguntas para reflexionar y debatir

1. ¿Alguna vez has metido la pata y te pareció que Dios estaba listo para darse por vencido contigo? ¿A veces dudas de la gracia de Dios y su paciencia para contigo? Si es así, describe qué sucede y cómo la duda perpetúa más duda y separación de Dios.
2. ¿Qué errores o luchas hacen que sientas que no puedes seguir a Dios con constancia? En cada uno, imagínate que caminas a la cruz y le pides a Jesús que pronuncie palabras de gracia sobre tu culpabilidad. Él te invita a "[acercarte, pues, confiadamente al trono de la gracia, para alcanzar misericordia y hallar gracia para el oportuno socorro" (Hebreos 4:16).
3. A veces las dificultades de la vida hacen que sea difícil seguir a Dios con constancia. ¿Alguna vez le preguntas a Dios por qué la vida tiene que ser tan difícil? ¿Qué aprendiste de la historia de Gedeón? ¿Cómo sus experiencias en cuanto a preguntar por qué y confiar en las promesas de Dios te ayudan al dar el próximo paso que él pudiera tener para ti?
4. ¿Alguna vez has orado para que Dios cambie tus circunstancias y en lugar de él te cambió a ti mediante tus circunstancias? Si es así, describe qué pasó y cómo esto te ayudó a acercarte más a él.
5. ¿Qué aprendiste sobre la importancia de conocer a Dios íntimamente y experimentar aspectos de su carácter para fomentar tu confianza en él?
6. ¿Qué nombres y características de Dios necesitas para vivir "en dependencia" ahora mismo en tu vida? Pídele a Dios que tu ayude y busca promesas que te aseguren su fidelidad. Escribe en tu diario cómo crece

tu confianza a medida que dependes de él más cada día esta semana.

7. Describe un aspecto de tu vida, o un rol que desempeñes donde te sientas cobarde y quieras que Dios te haga una guerrera. Al depender de é, ¿cómo sería en tu caso ser "más que [vencedora] por medio de aquel que nos amó" (Romanos 8:37) en ese aspecto o rol?

11

La mujer que quiero ser

Yo solía soñar con la mujer que quería ser. Era divertida, daba ánimo, digna de confianza, cariñosa y real. Además quería que fuera confiada, pero parecía algo con lo que uno nacía o no. Como ya sabes, ese no era un don natural en mí. Durante los últimos años, no obstante, he descubierto que ser segura me pertenece por derecho como hija de Dios. En estas páginas te he contado mi trayectoria para descubrir la herencia de las promesas de mi Padre y reclamarlas como mías. Al vivir como que son verdad estoy convirtiéndome en la mujer que quiero ser, una

¡Mi mayor deseo es que tú lo seas también! Quiero que sepas que he orado por ti y seguiré haciéndolo. He reclamado las promesas de Dios sobre tu vida y creo que él ya está completando la obra que comenzó en ti. Creo que también debes saber que le prometí a Jesús, a nombre tuyo, que:

No [perderemos], pues, [nuestra] confianza... [perseveraremos] para que, después de haber cumplido la voluntad de Dios, [recibamos] lo que él ha prometido...

[porque] nosotros no somos de los que se vuelven atrás y acaban por perderse, sino de los que tienen fe y preservan su vida. (Hebreos 10:35–36, 39, NVI)

Al terminar esta parte de nuestra trayectoria juntas quiero que sepas que vivir en el poder de las promesas de Dios no es algo de una sola vez. Una y otra vez yo regreso a cada una de las verdades que he compartido contigo. Oro para que conserves este libro como un recurso de manera que puedas tener fácil acceso a la perspectiva de Dios y sus promesas que te recuerdan cuánto él desea que tengas un corazón confiado. También oro porque le regales una copia a otra persona para que la confianza de Dios se difunda entre todos sus hijos.

En el capítulo 12, "Vivir en la seguridad de las promesas de Dios", he compilado muchos de los versículos de los que hemos hablado, y más, para que puedas copiarlos, orar con ellos, ¡y llevarlos en tu corazón y en tu cartera! Espero que los memorices, que ores con ellos en voz alta, que los reclames como tuyos y que sigas dependiendo de Jesús para vivir como la verdad que son.

Un plantío del Señor

A medida que te vuelves confiada en Cristo, te convertirás en una muestra del esplendor de Dios. Él usará tu vida transformada para mostrar su gloria. No hay nada que satisfaga más que pedirle a Dios que se te revele y luego dejar que él se revele a través de ti. Espero que tomes lo que tienes en Cristo y lo regales. Oro para que te conviertas en un catalizador para que otras mujeres aprendan a vivir en el poder de las promesas de Dios porque lo han visto en ti.

Vivir y dar lo que tienes que sucederá a medida que rindas tu vida a Jesús. Es una aventura gloriosa pero puede que no siempre tenga el aspecto que tú crees que tendrá. Puede incluso que implique replantar cosas que ya se han vuelto cómodas, pero te prometo que puedes confiar en Dios con todo tu corazón.

¡Él quiere bendecirte!

Un sábado por la tarde, me decidí a hacer frente a algunas taras en mi jardín pendientes de hacía mucho tiempo. Mientras me dirigía al cobertizo, me percaté de un rosal que el propietario anterior había plantado. Estaba en plena floración, mostrando su esplendor a través de preciosos botones rosados en todo el centro de nuestra cerca. *¿Cómo pasó eso?*, me pregunté.

Yo nunca había hecho nada para cuidarlo. Aunque había visto una botella verde de fertilizante de rosas en nuestro cobertizo, nunca antes la había usado. Decidí que sería un buen día para empezar. Por lo tanto, me incliné sobre mis rodillas y arranqué la maleza de la base de la planta para que el alimento pudiera hundirse en el suelo. Fue entonces cuando me percaté de que el cepellón tenía cuatro secciones. Me pregunté si debía dejar las secciones todas juntas o dividirlas y ponerlas en diferentes postes de la cerca.

Si las plantaba en postes separados, sus ramas con el tiempo se conectarían y crearían un manto de color rosa a lo largo de toda la cerca. Con esa imagen en mente, me arrodillé ante la floreciente belleza y metí las manos en la tierra para encontrar los lugares correctos donde separar el cepellón con las raíces.

Para muestra de su esplendor

En ese momento, sentí que Dios susurraba a mi corazón que el rosal era una imagen de lo que él estaba haciendo en mi vida. Acababa de enterarme que MaryAnn, mi íntima amiga, la directora del ministerio de mujeres y mi mentora, se mudaba. El puesto pastoral de su esposo en nuestra iglesia había sido eliminado inesperadamente. Yo estaba devastada. Cuando me dieron la noticia, lo único que podía pensar era: ¿Cómo me las voy a arreglar sin ella?

Esta era una mujer que había creído en mí mucho más de lo que yo creía en mí misma. Ella había invertido en mí y había animado. Había orado por mí y había estado a mi lado. Me había ayudado a superar muchos temores y dudas, lo cual me ayudó a tener el valor de seguir el llamado de Dios en mi vida. Yo no sabía si tendría la confianza para seguir dando valientes pasos de fe sin ella. Además de eso, teníamos uno de los ministerios de mujeres más prósperos del país. Yo tenía la esperanza de servir a su lado, y de otras mujeres a quienes quería, hasta que nos muriéramos. Todas habíamos sido cuidadosamente plantadas con nuestros talentos, alimentadas y cuidadas a través de la oración, equipadas con capacitación, y fertilizadas con oportunidades para servir. Nos habíamos convertido en una muestra del esplendor Dios esplendor. ¿Qué estaba haciendo Dios con la partida de MaryAnn? Me preguntaba si, como mi rosal, habíamos llegado a la plenitud de su esplendor en nuestro suelo actual. No podía soportar la idea, pero tenía la sensación de que vendrían más podaduras. Sentí que él me decía que estábamos listas para dividirnos en plantas separadas para que su gloria se mostrara más en su totalidad. Él nos plantaría a cada una de forma única e individualmente en nuevos lugares de ministerio, dentro y fuera de nuestra iglesia.

Un punto de entrega

Dudaba de lo que Dios estaba haciendo en ese momento. Sin embargo, al imaginarme el esplendor de Dios mostrado con mayor plenitud, mi corazón se tranquilizó en un punto de entrega. No era mi plan, pero si era para su gloria, ¿no era eso lo que yo quería? ¿Confiaría yo en que en Jesús sacaría algo bueno de eso?

Ese día me arrodillé en tierra santa, delante de mi rosal, y entregué mis sueños y planes. Incluso si eso significaba soltar lo que yo amaba profundamente, valdría la pena si otros le verían más a él en mi vida y con el tiempo en mi ministerio.

La vida y muerte de Jesús muestran la promesa de Dios de convertir nuestras pérdidas en un legado cuando rendimos nuestras vidas a él. Yo no creía que podría resistirlo, pero ahora veo cómo Dios usó la temporada de replantación para superar mis dudas. Él quería que yo dependiera exclusivamente de él para mi confianza. Él usó esa temporada para llevarme a un punto de dulce entrega. Valió la pena, porque Jesús vale la pena. Sin embargo, hay momentos en los que todavía nos agotamos y queremos renunciar porque rendirse es duro. A veces caigo de mis rodillas, o lloro en mi corazón, *¡Dios, no puedo hacer esto!* Él siempre me recuerda: *Yo no quiero que tú lo hagas. Vacía tu corazón de ti, para que puedas llenarte de mí.* Entonces él lleva mi corazón a Jesús y me recuerda todo lo que él hizo por mí, rindiéndose a través de su muerte para que yo pudiera vivir de verdad.

¿Recuerdas que conté que el año pasado tuvieron que hacerme una biopsia? Era una preocupación muy grande, porque mi madre y tres primas han tenido cáncer de mama. Pasé por un tiempo de miedo y tristeza, pero finalmente me rendí otra vez. Esto fue lo que escribí en mi diario:

30 de diciembre de 2009

Señor, ¿qué haré si tengo cáncer? ¿Cómo voy a responder? ¿Qué cambios traerá? ¿Qué tratamiento voy a necesitar? Mi mente se pregunta si los resultados son negativos, ¿voy a confiar en ti? ¿Voy a creer tú respondiste a mi oración para revelar cualquier tipo de cáncer y que no pasen nada por alto?

Mi corazón está en un lugar inestable, vacilando entre la esperanza y el miedo, la confianza y la duda. Por favor infunde mi alma de fe para creer y confiar en tus caminos y tus tiempos. Jesús, no quiero cáncer. No quiero conformarme con la creencia de que es mi destino sólo porque está en mi historia. El pasado no define mi futuro, tú lo haces. Tú eres el que conoce los planes que tienes para mí, planes para mí bienestar y no para perjudicarme, planes para darme futuro y esperanza. Oh,

Jesús. Esta es mi esperanza: que tú eres bueno, que eres amor, que tú puedes y quieres sanar y restaurar, rescatar y rehacer.

Yo estoy a los pies de la cruz, sabiendo que debo poner mi cuerpo delante de ti. Quiero estar dispuesta a convertirme en un vaso que tú puedas utilizar a través de cualquier circunstancia que permitas. Al igual que tantas otras veces antes, es en mi sufrimiento que veo y participo de tu gloria. ¿Y acaso no es eso para lo que fui hecha? Como Jesús, quiero ser un reflejo de tu gloria, una representación de quién eres.

Padre, hazme un vaso dispuesto a rendirse y descansar en ti, pase lo que pase. Oro para que guardes mi corazón en perfecta paz, porque mi pensamiento está firme en ti. No importa lo que traiga el mañana, que me encuentres fielmente dispuesta a ponerlo todo delante de ti como un sacrificio de alabanza.

Son las 4:12 pm y mientras escribía esta oración, mi teléfono celular sonó. Era el radiólogo, llamando un día antes, para decirme que mi dio benigno. ¡¡¡Oh Jesús, gracias!!!

A la sombra de la cruz

Tal vez has notado que el deseo de "irme" es una de mis emociones por defecto cuando la vida y el ministerio son más de lo que puedo manejar. Me gustaría que no fuera así, pero lo es. Un día estaba pasando por algo muy duro, y le dije a Dios que para mí todo había terminado. No tenía fuerzas para seguir adelante. Recuerdo que él puso esta impresión en mi corazón, un pensamiento que no había tenido nunca antes: *Renee, solo experimentarás el poder de mi resurrección si estás dispuesto a morir a ti misma y confiar en mí. Tienes que permanecer a la sombra de la cruz.*

Me sentí llevada a tirarme al suelo e imaginar la sombra de su cruz sobre mí. Casi podía sentir la el poder de la resurrección, que levantó a Jesús de entre los muertos, levantarse en mí y darme fuerza para seguir adelante. A la sombra de la cruz, recordé ese día que:

> Con Cristo estoy juntamente crucificado, y ya no vivo yo, mas vive Cristo en mí; y lo que ahora vivo en la carne, lo vivo en la fe del Hijo de Dios, el cual me amó y se entregó a sí mismo por mí. (Gálatas 2:20)

Jesús no murió en la cruz solo para sacarnos del infierno y llevarnos al cielo. ¡Él murió en la cruz para salir él mismo del cielo y meterse en nosotros dentro de nosotros! Para eso fuimos creados. Es por eso que anhelamos la gloria. La verdad es que fuimos creados para revelar la gloria, solo que no la nuestra. Dios nos creó a su imagen para revelar su gloria al dar visibilidad a su carácter invisible dentro de nosotros. Cristo es *en nosotros* la esperanza de la gloria (Colosenses 1:27).

¡Oh, cuánto el mundo necesita ver, sentir y experimentar a Jesús! Dios quiere darnos confianza en Cristo para que otros puedan ver, así ellos lo querrán para sí mismos. Es hora de que nosotras,

Hijas de Dios, dejemos que Jesús haga su voluntad en nuestras vidas. Hagamos la promesa de que cada vez que la duda arroje su sombra sobre nosotros, correremos a de nuevo a Jesús, nos volveremos a la luz, y nos pararemos a la sombra de la cruz, donde todo cambia. A la sombra de la cruz:

- Cuando te sientas insuficiente, Dios dice: Tú eres ESCOGIDA. "Ustedes son mis testigos —afirma el Señor—, son mis siervos escogidos, para que me conozcan y crean en mí, y entiendan que yo soy" (Isaías 43:10).
- Cuando sientas temor, Dios dice: Tú eres REDIMIDA. "No temas, que yo te he redimido; te he llamado por tu nombre; tú eres mí[a]" (Isaías 43:1).
- Cuando no te sientas amada, Dios dice: Tú eres AMADA. "Porque te amo y eres ante mis ojos precios[a] y dign[a] de honra" (Isaías 43:4).

- Cuando te sientas olvidada, Dios dice: Tú eres RECOR-DADA. "Grabada te llevo en las palmas de mis manos" (Isaías 49:16).
- Cuando te sientas insegura, Dios dice: Tú estás SEGU-RA. "Que el amado del Señor repose seguro en él, porque lo protege todo el día y descansa tranquilo entre sus hombros" (Deuteronomio 33:12).
- Cuando te sientas incapaz o inestable, Dios dice: Tú eres CAPAZ. "El Señor omnipotente es mi fuerza; da a mis pies la ligereza de una gacela y me hace caminar por las alturas" (Habacuc 3:19).
- Cuando te sientas indigna, Dios dice: Tú eres LLAMA-DA. "Pero ustedes son linaje escogido, real sacerdocio, nación santa, pueblo que pertenece a Dios, para que proclamen las obras maravillosas de aquel que los llamó de las tinieblas a su luz admirable" (1 Pedro 2:9).

¿Es Dios suficiente?

Al vivir en el poder de las promesas de Dios, todavía tendremos luchas. Nunca dejes que la duda te convenza de que no eres una cristiana fuerte o de que nunca tendrás un corazón confiado porque todavía luchas. Mientras nos convertimos en las mujeres que queremos ser, y sobre todo en las mujeres que Dios creó y nos llamó a ser, todavía pasaremos por momentos en los que tendremos dudas y preguntas. A veces incluso puede que preguntemos: ¿Es Dios suficiente? He contado cómo Dios se ha convertido en mi "suficiente", pero quiero que escuches a alguien que se ha hecho esa pregunta ante muchas dudas, pérdidas y temores. Mi amiga, oradora, y escritora Melissa Taylor compartió estas palabras en una lectura que escribió para el Ministerio Proverbios 31:

¿Es Dios suficiente? Es una pregunta donde las circunstancias de mi vida me fuerzan a ir. La conclusión a la que he llegado es que Dios no solo es suficiente, sino que tiene que serlo. También he llegado a la conclusión de que se requiere un esfuerzo de mi parte para mantenerme consciente de esto.

Cuando era niña, yo no comprendía mi necesidad de Dios, pero si me daba cuenta de que tenía una necesidad que no estaba satisfecha. Fui abusada sexualmente cuando solo tenía siete años. Mi padre abandonó nuestra familia cuando yo tenía once años. Ambas circunstancias me dejaron deshecha, y no entendía como Dios podía traer sanidad en ese momento. Pasé muchos años tratando de curarme a mí misma y hacerme sentir mejor. Nada funcionó.

A medida que iba creciendo, y empecé a pasar de ser una cristiana quien simplemente creía a una cristiana que estaba activamente involucrada con Jesús, mi vida comenzó a cambiar. Debido a que tenía conversaciones con él directamente y leía su palabra sistemáticamente, mi vida fue retada. Aprendí que cuando los golpes fuertes vengan, y vendrán, yo necesito hacerme una pregunta para seguir adelante. "¿Es Dios suficiente?"

- Cuando una amiga me traiciona, ¿es Dios suficiente?
- Cuando yo necesito perdonar a alguien por algo que parece imperdonable, ¿es Dios suficiente?
- Cuando mi hijo(a) tiene problemas que están fuera de mi control, ¿es Dios suficiente?
- Cuando mi matrimonio está a punto de la destrucción, ¿es Dios suficiente?
- Cuando alguien no me perdona, ¿es Dios suficiente?
- Cuando mi madre está muriendo de cáncer, ¿es Dios suficiente?
- Cuando otros no reconocen mi valor, ¿es Dios suficiente?
- Cuando estoy agobiada profesionalmente, ¿es Dios suficiente?
- Cuando alguien que amo usa palabras que me lastiman, ¿es Dios suficiente?

- Cuando tengo deudas y no sé cómo voy a pagar mis cuentas, ¿es Dios suficiente?
- Cuando se me recuerda algo que hice en el pasado, ¿es Dios suficiente?
- Cuando hay confusión en el mundo, ¿es Dios suficiente?
- Cuando mi salud se deteriora, ¿es Dios suficiente?
- Cuando estoy decepcionada y defraudada con mi vida, ¿es Dios suficiente?

Justo anoche me senté en mi habitación a llorar. Aquí estaba nuevamente preguntando: "¿Es Dios Suficiente?". Abrí una caja llena de versículos bíblicos personalizados que alguien muy especial me regaló. Comencé a leerlos en voz alta. Versículo por versículo empecé a combatir los pensamientos que me estaban paralizando al hacerme dudar de mí misma. Lo que descubrí es la conclusión a la que siempre llego cuando me pregunto: ¿es Dios suficiente? Sí lo es.

Puedo perder todo en la vida. No tengo absolutamente nada aquí en la tierra que esté garantizado. Sin embargo, si lo pierdo todo, voy a estar bien porque nadie puede quitarme mi identidad en Cristo. Ya sea que yo viva en una mansión en una colina o en una casucha en el pantano, tengo a mi Jesús. Ya sea que el mundo esté conmigo o en mi contra, yo tengo a mi Jesús. Cuando estoy derrotada, me coloco de rodillas y allí encuentro a mi Jesús. Su palabra está sembrada muy dentro de mi corazón y yo la creo toda.

Cuando la vida comienza a ser más de lo que tú piensas que puedes soportar, no te rindas. Y ciertamente no creas las mentiras que quizá estés considerando en tu cabeza. En cambio, pregúntate a ti misma: "¿es Dios suficiente para mí?" La respuesta pudiera cambiarlo todo.[1]

Como puedes ver, la fe de Melissa ha sido muy probada, pero ella ha aprendido a confiar y creer en las promesas de

Dios. Ella es una muestra hermosa de su esplendor. Dios no solo le ha dado esperanza a Melissa al mostrarle que es suficiente para, Dios también está utilizando a Melissa para compartir esa misma esperanza con otras mujeres. A través de sus escritos, sus palabras de aliento, y sus oraciones, Melissa ministra a mujeres de todo el mundo cada día. Sé de algunas que han optado por no quitarse la vida porque Melissa les habló de cómo Dios podía ser suficiente para ellas también.

El poder de la oración

Dios usará nuestras vidas a tocar a otros, pero nuestro ministerio más importante será dentro de nuestros hogares. Nuestra confianza en las promesas de Dios predicará el sermón más poderoso cuando sea vivida en la vida cotidiana. Te animo a pedirle a Dios que te revele las dudas e inseguridades que está sanando en ti y con las que tus hijos, tu esposo o tu mamá también pudieran estar luchando. Entonces comparte con ellos las promesas a las que estás aferrándote y ora para que sus corazones crezcan confiados en Cristo también.

Dios también está usando a mi amiga Melissa para mostrar a sus hijos que él es suficiente a través del poder de la oración. Cuando Dylan, el hijo de Melissa, tenía nueve años, tuvo que hacerse análisis de laboratorio que implicaban agujas y extracción de sangre. A Dylan le habían diagnosticado un trastorno de ansiedad generalizada, que no se lleva bien con las agujas. Prácticamente le dio un ataque solo de escuchar lo que le iban a hacer. Su respiración se hizo corta y entró en pánico solo de escuchar al doctor explicar los detalles.

Melissa había estado trabajando con Dylan en hablar a favor de lo que necesitaba, así que él decidió que era un buen momento para ponerlo en práctica. "¿Podemos esperar una semana para hacer estos análisis", preguntó Dylan. El médico le preguntó: "¿Por qué?" A lo que él respondió: "Me gustaría que las amigas de mi mamá oraran por mí". El médico estuvo de acuerdo en que era una gran idea.

Cuando llegaron a casa, Dylan le dijo Melissa: "Mamá, si por favor les pides a tus amigas que oran, que oren por mí, para que sea valiente y no tenga miedo, sé que va a funcionar". Así que, por supuesto, ella lo hizo. Sus amigas no solo oraron por Dylan, sino que le enviaron correos electrónicos compartiendo sus oraciones y sus palabras de aliento. Dylan les creyó y confió en el poder de la oración. Él creía que Dios les escuchaba, y una semana más tarde fue al laboratorio.

Melissa sabía que Dylan estaba nervioso, pero él seguía diciendo: "Dios está conmigo y me va ayudará a salir de esto. Voy a confiar en el Señor con todo mi corazón". En ese momento é tenía que decidir: "¿Es Dios suficiente para salir de esto?" Su respuesta fue: "Sí". La enfermera le pinchó el brazo con la aguja y le sacaron cinco viales de sangre. Cuando todo terminó, Dylan exclamó: "¿Eso es todo? ¿Se acabó? ¡Las oraciones funcionaron!" [2]

El poder de las palabras de ánimo

El apóstol Juan nos dice que el poder del amor de Dios nos ayuda a vencer la duda y el temor cuando lo activamos al practicar el amor a otros:

> Queridos hijos, que nuestro amor no quede sólo en palabras; mostremos la verdad por medio de nuestras acciones. Nuestras acciones demostrarán que pertenecemos a la verdad, entonces estaremos confiados cuando estemos delante de Dios. Aun si nos sentimos culpables, Dios es superior a nuestros sentimientos y él lo sabe todo.
> Queridos amigos, si no nos sentimos culpables, podemos acercarnos a Dios con plena confianza. Y recibiremos de él todo lo que le pidamos porque lo obedecemos y hacemos las cosas que le agradan. Y su mandamiento es el siguiente: debemos creer en el nombre de su Hijo, Jesucristo, y amarnos unos a otros, así como él nos lo ordenó. Los que

obedecen los mandamientos de Dios permanecen en comunión con él, y él permanece en comunión con ellos. Y sabemos que él vive en nosotros, porque el Espíritu que nos dio vive en nosotros. (1 Juan 3:18–24, NTV)

Un día Dios me dio un valor que nunca antes había conocido. Yo estaba en una situación en la que tenía que elegir si quería mostrar su amor o no al ayudar a alguien a superar su miedo a las alturas, algo a lo que yo también le tengo mucho miedo. No puedo soportar los balcones, y cuando conduzco por un puente, me encontrarás abrazando la baranda en el carril interior. Algunos amigos trataron de ayudarme a vencer mi miedo al invitar a nuestra familia a un centro de escalar bajo techo. Mi corazón se detuvo al pasar por las puertas y mirar al pico más alto, que era de ocho metros. Los instructores me aseguraron que una red de cuerdas y arneses me sujetaría bien. Antes de que pudiera decir "no, gracias", ya estaba con los arneses puestos y firmando una documento de exoneración por lesiones.

Hacia el final del día, nuestros amigos John y Laura animaron a su hijo Steven de ocho años a que subiera al pico más alto, y le prometían fichas para jugar y helado si lo hacía. Steven también le tenía un poco de miedo a las alturas pero le encantaban los desafíos. La promesa de una recompensa, mezclada con el reto y la fe de su padre, le dieron valor.

Yo observaba con admiración cómo Steven comenzó el ascenso con confianza. Llegó a diez pies, luego quince, luego veinte. Pero a medida que avanzó más allá del próximo lado de la pared, vio cuánto le quedaba todavía. Con miedo, miró hacia abajo y dijo que no podía hacerlo. Entonces gritó para que su papá lo ayudara.

En ese momento, el padre de Steven estaba cargando a su hijo de tres años, que ya estaba muy cansado, y su madre daba de comer a la hermanita, bebé, que estaba muy hambrienta. Yo no sé dónde estaba mi esposo valiente, pero rápidamente me di cuenta de que era la única allí que podía hacer algo. De repente mi cuerpo se llenó de fuerza y valor y le grité: "¡No te rindas! Tú puedes lograrlo. ¡Te voy a ayudar!"

En tiempo récord, llegué al marcador de seis metros, crucé el pico, y me acerqué a Steven para animarlo, le recordaba lo lejos que había llegado. Le dije que podía hacerlo con la fuerza de Dios, y que valdría la pena si perseveraba. Con mis palabras y mi confianza en él, ayudé a Steven a poner sus pensamientos hacia una meta superior, un pico interior, una recompensa mucho mayor que el helado y el juego con las fichas: la recompensa de llegar a un lugar que había dejado de creer que podía alcanzar.

Es curioso cómo dejé de pensar en mis temores cuando estaba enfocada en ayudar a otra persona a superar los suyos. Me di cuenta de que las mismas promesas que había reclamado para Steven era verdad para mí también. Yo también podría hacerlo con la fuerza de Dios, ¡y lo hice!

Cada día tenemos la misma oportunidad. Al igual que Dios hizo con Gedeón, y como lo hace con nosotros, podemos llegar junto a otros en algunos de los desafíos más difíciles de la vida y de los picos más altos y decir: "No te des por vencido, tú puedes lograrlo. Voy a estar contigo para ayudarte".

Cuando quitamos los ojos de nuestros miedos, nuestras dudas y nuestras luchas para enfocarnos en las necesidades de otras personas, de alguna manera olvidamos nuestras propias necesidades, al menos por un rato. Al creer en el poder de las promesas de Dios para los demás, nuestra confianza en sus promesas para nosotros parece crecer también. ¡Ese es el poder de las palabras de aliento!

De dónde somos

Al vivir en el poder de las promesas de Dios y avanzar con corazones confiados, será importante para nosotros recordar de dónde somos. La manera en que permitamos que el pasado nos defina estará determinada por la forma en que enmarquemos nuestros recuerdos. ¿Lo haremos a través de nuestros sentimientos de inseguridad, o a través del filtro de las garantías y promesas de Dios? Cuando me convertí en mamá por primera vez, hace más de dieciséis años, estaba abrumada. No era sólo por la cantidad de tiempo y atención que mi bebé necesitaba, aunque eso casi acaba conmigo. En cambio, una de las partes más difíciles fue el amor abrumador y la responsabilidad que sentía por mi pequeño. Literalmente me hacía llorar amar a alguien tanto.

Con el paso de los años, ha habido muchas cosas que he querido para mis hijos. He querido que crezcan sabiendo que son amados, valorados, y creados para el propósito de Dios. He orado para que encuentren seguridad como hijos de Dios y estabilidad a través de un sentido de pertenencia en nuestra familia.

He sido una madre muy imperfecta, pero Dios me da confianza para seguir intentándolo cada día, mientras trato de amar a mis hijos como él me ama. Al día siguiente de mi ataque por el fiasco de Joshua con la ropa sucia, me disculpé y le pedí perdón. Él dijo que me perdonaba y que por lo general ni siquiera recuerda cosas así al otro día.

Sólo el amor perfecto de Dios podría ayudar a mi hijo a no llevar un registro de mis equivocaciones. Varios días más tarde, yo estaba leyendo algunas tareas de redacción de Joshua y encontré algo que lo puso todo en perspectiva. Él me dio un permiso especial para compartirlo con ustedes.

De donde soy

Yo soy de estar afuera.
Yo soy de amigos que juegan juntos.
Yo soy de trampolines y fuertes hechos de madera.
Soy de imaginaciones que se combinan para crear algo maravilloso.
Soy de mañanas tempranas en Navidad frente al fuego.
Soy de celebrar Halloween en la parte de atrás de una camioneta.

Soy de pasar la Pascua en casa de abuela.
Soy del lago de tío Bill en el cuatro de julio.
Soy de frijoles rojos con arroz mientras veo *Moby Dick* con un amigo.
Soy de pilas enormes de papas fritas con queso en Outback junto a un ex jugador de la NFL.
Soy de cangrejos de agua dulce y salada en la casa del abuelo después de pescarlos.
Soy de sopa de pollo hecha en casa que pudiera confundirse con algo hecho en el cielo.
Soy de triunfos y errores.
Soy de tiempos divertidos y tristes.
Soy de recuerdos maravillosos.
Soy de una vida maravillosa.

Y todavía no va ni por la mitad.[4]

Se trata de un libro de recuerdos de la vida de mi hijo en sus propias palabras. No es el cuadro de una vida perfecta, sino las instantáneas de los recuerdos que le han dado seguridad, estabilidad y perspectiva en medio de las decepciones y las luchas con sus propias dudas y temores. En lugar de centrarse en esos, optó por definir de dónde es con los rostros de familiares y amigos, tradiciones especiales, y la gracia de Dios.

Dios usó las palabras de Joshua para recordarme que no tengo que ser una madre perfecta o una mujer perfecta. Sólo tengo que ser intencional y estar disponible para vivir y amar bien. Pidámosle a Dios que nos recuerde esta verdad y redefinamos de dónde somos mientras permitimos que la tinta de su confianza y verdad escriban la historia de nuestras vidas.

No puedo creer lo lejos que hemos llegado juntas, o que esta parte de nuestro viaje está llegando a su fin. Mi esperanza es que estés y que sigas experimentando la libertad de tus dudas y que tu confianza esté siendo recompensado con creces, incluso ahora.

Asegúrate de revisar el capítulo 12, donde he creado un recurso para que podamos utilizar en los próximos días. También espero que te tomes un minuto para visitar mi sitio web interactivo en www.ReneeSwope.com y me cuentes lo que Dios ha hecho a través de las palabras que me dio para compartir con ustedes. ¡Me encantaría conocer tu historia!

¿Te importa si oro por ti? Oro que el Dios de nuestro Señor Jesucristo, el Padre de gloria, te dé un espíritu de sabiduría y de revelación en el conocimiento de él. Entonces se alumbrarán los ojos de tu entendimiento, conocerás la esperanza a que él te ha llamado, y las riquezas de la gloria que el pueblo de Dios heredará. También conocerás la supereminente grandeza de su poder para con nosotros los que creemos, según la operación del poder de su fuerza. En el nombre de Jesús, amén. (Efesios 1:17–19)

Orar las promesas de Dios

Señor, quiero que mi vida sea una carta de amor de Cristo, escrita no con tinta sino con el Espíritu del Dios viviente, y no en tablas de piedra sino en la tabla de mi corazón. Espíritu Santo, recuérdame que he sido crucificada con Cristo y que ya no vivo yo, sino Cristo en mí. La vida que vivo en la sangre, la vivo en la fe de aquel que me amó y se dio a sí mismo por mí.

Tú dices que soy preciosa y digna de honra para ti. Me llamadas amada y me dices que puedo descansar segura en ti, porque tú eres mi escudo siempre.

Gracias por tus maravillosas promesas que me has dado, mediante ellas participo de tu naturaleza divina. Quiero dar todo lo que tú mes has dado. Y a Aquel que es poderoso para hacer todas las cosas mucho más abundantemente de lo que yo puedo pedir o entender, según el poder que actúa en mí, a él sea gloria en la iglesia en Cristo Jesús por todas las edades, por los siglos de los siglos. Amén.

(Ver 2 Corintios 3:3; Gálatas 2:20; Isaías 43:4; Deuteronomio 33:12; 2 Pedro 1:4; Efesios 3:20-21.0

Preguntas para reflexionar y debatir

Ahora que hemos pasado tiempo conociendo cómo es Dios realmente, veamos cómo ha cambiado la imagen que tenemos de él. Cierra tus ojos y piensa en Dios. Escribe lo que ves y los sentimientos que tienes.

2. Describe quién eras cuando comenzaste este estudio y compara esa mujer con la que te estás convirtiendo a raíz de aprender y vivir en el poder de las promesas de Dios.

3. ¿Es esa la mujer que quieres ser? ¿Cómo continuarás tu travesía diaria hacia el corazón de Dios y para aferrarte a la seguridad que te pertenece como hija de Dios?

4. ¿Por quién vas a orar y a quién vas a animar con tus palabras para que tu corazón confiado en Cristo se vuelva contagioso? ¿Con quién querría Dios que vuelvas a hacer este estudio para que el mensaje se arraigue más en tu corazón y pueda ser un catalizador para que la confianza en Cristo crezca cada vez más en ti y en esa persona?

Te exhorto a orar las promesas de Dios que hemos incluido en cada semana. Toma tiempo para decirlas en voz alta de manera que tu corazón, tu mente y tu alma sepan sin duda que estás comprometida a creer y vivir esa verdad. Cópialas y ponlas donde las veas a menudo, ¡y ora con ellas hasta que se conviertan en parte de ti!

4. "Al igual que Dios hizo con Gedeón, y como lo hace con nosotros, podemos llegar junto a otros en algunos de los desafíos más difíciles de la vida y de los picos más altos y decir: "No te des por vencido, tú puedes lograrlo. Voy a estar contigo para ayudarte... Al creer en el

poder de las promesas de Dios para los demás, nuestra confianza en sus promesas para nosotros parece crecer también" (pág. 205). ¿Por quién vas a orar y a quién vas a animar con tus palabras para que tu corazón confiado en Cristo se vuelva contagioso? ¿Con quién querría Dios que vuelvas a hacer este estudio para que el mensaje se arraigue más en tu corazón y pueda ser un catalizador para que la confianza en Cristo crezca cada vez más en ti y en esa persona?

Te exhorto a orar las promesas de Dios que hemos incluido en cada semana. Toma tiempo para decirlas en voz alta de manera que tu corazón, tu mente y tu alma sepan sin duda que estás comprometida a creer y vivir esa verdad. Cópialas y ponlas donde las veas a menudo, ¡y ora con ellas hasta que se conviertan en parte de ti!

12

Vivir en la seguridad de las promesas de Dios

Porque las cosas que se escribieron antes, para nuestra enseñanza se escribieron, a fin de que por la paciencia y la consolación de las Escrituras, tengamos esperanza.

Romanos 15:4

Cuando yo digo	Dios dice	Promesas poderosas
No entiendo las cosas.	Yo dirigiré tus pasos.	Fíate de Jehová de todo tu corazón, Y no te apoyes en tu propia prudencia. Reconócelo en todos tus caminos, Y él enderezará tus veredas. (Prov. 3:5–6)
Estoy demasiado cansada.	Yo te daré descanso.	Venid a mí todos los que estáis trabajados y cargados, y yo os haré descansar.(Mateo 11:28)
Me siento muy débil.	Yo te daré poder.	Bástate mi gracia; porque mi poder se perfecciona en la debilidad. (2 Corintios 12:9)

Vivir en la seguridad de las promesas de Dios

Cuando yo digo	Dios dice	Promesas poderosas
Mi vida es demasiado dura.	Déjame ayudarte.	Me invocará, y yo le responderé; Con él estaré yo en la angustia; Lo libraré y le glorificaré. (Salmo 91:15)
La vida está llena de problemas.	Estoy obrando para tu bien.	Y sabemos que Dios hace que todas las cosas cooperen para el bien de los que lo aman y son llamados según el propósito que él tiene para ellos. (Romanos 8:28, NTV)
Esta situación es imposible.	Con mi ayuda todo es posible.	Lo que es imposible para los hombres, es posible para Dios. (Lucas 18:27)
No tengo nada que dar.	Yo proveeré.	Y Dios proveerá con generosidad todo lo que necesiten. Entonces siempre tendrán todo lo necesario y habrá bastante de sobra que compartir con otros. (2 Corintios 9:8, NTV)
No puedo hacerlo.	Apóyate en mi fortaleza y podrás hacer todo lo que te he llamado a hacer.	Pues todo lo puedo hacer por medio de Cristo, quien me da las fuerzas. (Filipenses 4:13, NTV)
Me siento tan sola.	Nunca te dejaré ni te desampararé.	Jehová tu Dios es el que va contigo; no te dejará, ni te desamparará.
Ya no aguanto más.	Yo supliré para todas tus necesidades.	Y este mismo Dios quien me cuida suplirá todo lo que necesiten, de las gloriosas riquezas que nos ha dado por medio de Cristo Jesús. (Filipenses 4:19)
Tengo demasiado miedo.	Yo no te he dado un espíritu de temor.	Pues Dios no nos ha dado un espíritu de temor y timidez sino de poder, amor y autodisciplina. (2 Timoteo 1:7, NTV)
Las preocupaciones me consumen.	Echa sobre mí tus cargas.	Pongan todas sus preocupaciones y ansiedades en las manos de Dios, porque él cuida de ustedes. (1 Pedro 5:7)
Me siento abrumada.	Yo te daré paz.	Les he dicho todo lo anterior para que en mí tengan paz. Aquí en el mundo tendrán muchas pruebas y tristezas; pero anímense, porque yo he vencido al mundo. (Juan 16:33, NTV)

Cuando yo digo	Dios dice	Promesas poderosas
No me puedo perdonar.	Yo te perdono.	Si confesamos nuestros pecados, Dios, que es fiel y justo, nos los perdonará y nos limpiará de toda maldad. (1 Juan 1:9, NVI)
No tengo confianza suficiente.	Yo seré tu confianza.	Porque Jehová será tu confianza, Y él preservará tu pie de quedar preso. (Proverbios 3:26)
No soy lo suficientemente fuerte.	Yo soy tu fortaleza.	Mi carne y mi corazón desfallecen; Mas la roca de mi corazón y mi porción es Dios para siempre. (Salmo 73:26)
No sé qué hacer.	Yo te daré sabiduría.	Y si alguno de vosotros tiene falta de sabiduría, pídala a Dios, el cual da a todos abundantemente y sin reproche, y le será dada. (Santiago 1:5)
Me siento tan deprimida.	Deja que mi amor y mi fidelidad guarden tu corazón.	El gran amor del Señor nunca se acaba, y su compasión jamás se agota. Cada mañana se renuevan sus bondades; ¡muy grande es su fidelidad! (Lam. 3:22-23, NVI)
Nunca voy a cambiar.	Yo te estoy transformando.	Por tanto, nosotros todos, mirando a cara descubierta como en un espejo la gloria del Señor, somos transformados de gloria en gloria en la misma imagen, como por el Espíritu del Señor. (2 Corintios 3:18)
Me siento condenada.	Yo nunca te condenaré.	Por lo tanto, ya no hay condenación para los que pertenecen a Cristo Jesús. (Romanos 8:1, NTV)
Nunca estaré satisfecha.	Puedes aprender a estar satisfecha.	Sé vivir humildemente, y sé tener abundancia; en todo y por todo estoy enseñado, así para estar saciado como para tener hambre, así para tener abundancia como para padecer necesidad. (Filipenses 4:12)
Siento que no valgo nada.	Para mí eres preciosa y te amo.	Porque a mis ojos fuiste de gran estima, fuiste honorable, y yo te amé. (Isaías 43:4)

Cuando yo digo	Dios dice	Promesas poderosas
Todo el mundo está en mi contra.	¡Yo esto a tu favor!	Si Dios es por nosotros, ¿quién contra nosotros? (Romanos 8:31)
No tengo metas ni propósitos.	Tengo metas y propósito para tu vida.	Quiero que lo sepan para que cobren ánimo, permanezcan unidos por amor, y tengan toda la riqueza que proviene de la convicción y del entendimiento. Así conocerán el misterio de Dios, es decir, a Cristo. (Colosenses 2:2)
Me siento derrotada.	¡Tú eres una vencedora!	Sin embargo, en todo esto somos más que vencedores por medio de aquel que nos amó. (Romanos 8:37)
No puedo dejar de pecar.	Yo te ofrezco libertad.	Porque el Señor es el Espíritu; y donde está el Espíritu del Señor, allí hay libertad. (2 Corintios 3:17)
Quiero darme por vencida.	Sé fuerte y haz la obra.	¡Sé fuerte y valiente, y pon manos a la obra! No tengas miedo ni te desanimes, porque Dios el Señor, mi Dios, estará contigo. No te dejará ni te abandonará. (1 Crónicas 28.20, NTV)
No soy nada especial.	Tú eres una obra maestra.	Pues somos la obra maestra de Dios. Él nos creó de nuevo en Cristo Jesús, a fin de que hagamos las cosas buenas que preparó para nosotros tiempo atrás. (Efesios 2:10, NTV)
No soy lo suficientemente buena.	Para mí eres de la realeza.	Y serás corona de gloria en la mano de Jehová, y diadema de reino en la mano del Dios tuyo. (Isaías 62:3)
Me siento tan fea.	Yo creo que eres bella.	El rey está cautivado por tu hermosura; él es tu señor: inclínate ante él. (Salmo 45:11, NVI)

Notas

Capítulo 3 Encontrar un amor que no fallará incluso cuando yo falle

1. http://dictionary.reference.com/browse/worship.

Capítulo 6 Cuando la duda susurra "No soy lo suficientemente buena"

1. Dr. Neil T. Anderson, *Victoria sobre la oscuridad*, Unilit, 2007..

2. http://newlife919blog.blogs.com/new_life_919_blog/2009/06/my-bully.html.

3. "God Is In Control," © 1993 by Twila Paris. All Rights Reserved. From *He Is Exalted: Live Worship CD*.

Capítulo 7 Cuando la duda susurra "Soy un gran fracaso"

1. Zig Ziglar, *Cómo Criar Hijos Con Actitudes Positivas en un mundo negativo*, .

2. "Mining for Gold in the Heart of Your Child Character Chart" [Gráfica para buscar oro en el corazón del carácter de tu hijo] http://shopp31.com/miningforgoldintheheartofyourchildcdandcharacterchart.aspx.

Capítulo 8 Cuando la duda susurra "Yo no tengo nada extraordinario que ofrecer"

1. Florence Littauer, *Enriquezca su personalidad,* Spanish House, 2007.

2. Bruce Bugbee, *Cuál es tu lugar en el cuerpo de Cristo,* Vida, 2001.

3. Para más información sobre los estudios de Beth Moore, visita Living Proof Ministries en www.lproof.com.

4. Lysa TerKeurst, *Living Life on Purpose,* Moody, Chicago, 2000, 51.

Capítulo 9 Cuando la duda susurra "No puedo dejar de preocuparme"

1. Max Lucado, *Acércate sediento,* Grupo Nelson, 2004.

2. http://gobible.com.

Capítulo 10 Cuando la duda susurra "No puedo seguir a Dios con constancia"

1. Lysa TerKeurst, *Más que apariencias,* Vida, 2011. Lysa también ofrece un recurso que puedes descargar gratis en su sitio web: www.LysaTerKeurst.com, se titula "When God Hurts My Feelings" que ofrece más perspectivas para ayudarte a procesar tus preguntas del tipo "por qué" con Dios.

Capítulo 11 La mujer que quiero ser

1. Melissa Taylor, "¿Es Dios suficiente?" Ánimo, http://enespanoldevocionales. blogspot.com/2010/09/es-dios-suficiente.html (Publicado originalmente en inglés para *Encouragment for Today* el 2 de julio de 2010.

2. Melissa Taylor, "13 Years Ago Today," http://melissataylor.org/2010/07/02/13 -years-ago-today. Publicado el 2 de julio de 2010.